HET AMBACHTELIJKE ANTIPASTO SALADES KOOKBOEK

100 Antipasto-salade-inspiraties van de kusten van Italië, Griekenland en daarbuiten

Adriana Prins

Auteursrechtelijk materiaal ©2024

Alle rechten voorbehouden

Geen enkel deel van dit boek mag in welke vorm of op welke manier dan ook worden gebruikt of overgedragen zonder de juiste schriftelijke toestemming van de uitgever en eigenaar van het auteursrecht, met uitzondering van korte citaten die in een recensie worden gebruikt. Dit boek mag niet worden beschouwd als vervanging voor medisch, juridisch of ander professioneel advies.

INHOUDSOPGAVE

INHOUDSOPGAVE **3**
INVOERING **6**
SALADES VAN VIS EN ZEEVRUCHTEN **7**
    1. ANTIPASTO TONIJNSALADE 8
    2. MEDITERRANE TONIJN ANTIPASTOSALADE 10
    3. MEDITERRANE ANTIPASTOSALADE MET ZEEVRUCHTEN 12
    4. ITALIAANSE ANTIPASTOSALADE MET GARNALEN EN SINT-JAKOBSSCHELP 14
    5. ANTIPASTOSALADE MET GEROOKTE ZALM EN AVOCADO 16
    6. GEGRILDE OCTOPUS EN AARDAPPEL ANTIPASTOSALADE 18
VEGGIESALADES **20**
    7. ITALIAANSE ANTIPASTO SALADEKOM 21
    8. GEGRILDE GROENTEN ANTIPASTO SALADE 23
    9. VERSE TUIN ANTIPASTOSALADE 25
    10. GRIEKS GEÏNSPIREERDE ANTIPASTOSALADE 27
    11. CAPRESE ANTIPASTOSALADE 29
GEKOOKTE VLEES SALADES **31**
    12. TOSCAANSE ANTIPASTOSALADE 32
    13. PARTIJ ANTIPASTOSALADE 34
    14. ANTIPASTO VOORGERECHT KAASPLANKJE 36
    15. ANTIPASTO WONTONSALADE 38
    16. SPAANSE ANTIPASTOSALADE MET CHORIZO EN MANCHEGO 40
    17. FRANSE CHARCUTERIE ANTIPASTOSALADE 42
    18. GRIEKS GEÏNSPIREERDE ANTIPASTOSALADE MET GEZOUTEN VLEES 44
    19. RUSTIEKE CHARCUTERIE ANTIPASTOSALADE 46
    20. ANTIPASTOSALADE MET IN PROSCIUTTO VERPAKTE MELOEN 48
PASTA SALADES **50**
    21. PITTIGE CHEDDAR FUSILLI-SALADE 51
    22. ITALIAANSE KOUDE PASTASALADE MET SALAMI 53
    23. KOUDE PASTASALADE MET KALKOEN EN CRANBERRY 55
    24. KOUDE PASTASALADE MET HAM EN CHEDDAR 57
    25. KIP CAESAR KOUDE PASTASALADE 59
    26. GRIEKSE ORZO PASTASALADE MET GYROVLEES 61
    27. PASTASALADE MET ROSBIEF EN CHEDDAR 63
    28. BACON RANCH KOUDE KIP PASTASALADE 65
    29. ITALIAANSE ANTIPASTO PASTASALADE 67
    30. PASTASALADE MET GEROOKTE KALKOEN EN AVOCADO 69
    31. PASTASALADE MET GEGRILDE WORST EN GROENTEN 71
    32. KOUDE PASTASALADE MET GARNALEN EN AVOCADO 73
    33. PASTRAMI EN ZWITSERSE KOUDE PASTASALADE 75
    34. KOUDE PASTASALADE MET TONIJN EN WITTE BONEN 77

35. BBQ Pastasalade met Kip en Maïs 79
36. Pastasalade met Italiaanse worst en paprika 81
37. Copycat Ruby Tuesday Pastasalade 83
38. Kaasachtige Pepperoni Rotini-salade 85
39. Pastasalade met gorgonzola 87
40. Romano Linguine-pastasalade 89
41. Muntachtige Feta en Orzo-salade 91
42. Nootachtige Gorgonzola Pastasalade 93
43. Verse citroenpastasalade 95
44. Tortellini-salade met drie kazen 97
45. Pennesalade met pesto en zongedroogde tomaten 99
46. Pastasalade met Cheddar en Broccoli Bowtie 101
47. Salade van gegrilde tofu en sesamnoedels 103
48. Pastasalade met gegrilde Sint-jakobsschelpen en asperges 105
49. Pastasalade met tonijn en artisjok 107
50. Pastasalade met garnalen en avocado 109
51. Pastasalade met gerookte zalm en dille 111
52. Pastasalade met krab en mango 113
53. Pastasalade met tropisch fruit en garnalen 115
54. Pastasalade met bessen en feta 117
55. Pastasalade met citrus en avocado 119
56. Pastasalade met watermeloen en feta 121
57. Pastasalade met mango en zwarte bonen 123
58. Pastasalade met appel en walnoten 125
59. Pastasalade met ananas en ham 127
60. Pastasalade met citrusbessen 129
61. Pastasalade met kiwi, aardbei en rotini 131
62. Mangosalsa met Farfalle-pastasalade 133
63. Pastasalade met perzik en prosciutto 135
64. Pastasalade met bosbessen en geitenkaas 137
65. Pastasalade met spinazie, erwten, frambozen en spiraalvormige pasta 139
66. Pastasalade met mandarijnen en amandelen 141
67. Pastasalade met Sint-jakobsschelpen en asperges 143
68. Salade van citroen-knoflookgarnalen en orzo 145
69. Knoflook-champignonfusilli met perensalade 147
70. Mediterraanse groentepastasalade 149
71. Pesto Veggie Spiraal Pastasalade 151
72. Regenboog vegetarische pastasalade 153
73. Aziatische Sesam Groenten Noedelsalade 155
74. Griekse Orzo Groentensalade 157
75. Pastasalade met geroosterde groenten en kikkererwten 159
76. Spinazie en artisjok koude pastasalade 161
77. Thaise pinda-groente-noedelsalade 163
78. Caesar vegetarische pastasalade 165

79. Pastasalade met kreeft en mango 167
80. Mediterrane Tzatziki-garnalenpastasalade 169
81. Pastasalade met garnalen en kerstomaatjes 171
82. Nootachtige tonijn- en pastasalade 174
83. Kip-tenders en Farfalle-salade 176
84. Romige Penn-pastasalade 178
85. Feta en geroosterde kalkoensalade 180
86. Nootachtige Kip Pastasalade 182
87. Caesar-pastasalade met kip 184
88. Pastasalade met kalkoen en cranberry 186
89. Pastasalade met gegrilde kip en citroenkruiden 188
90. Pastasalade met ranchkip en spek 190
91. Pastasalade met curry-kip en mango 192
92. Griekse kip- en orzosalade 194
93. Pastasalade met kip en zwarte bonen 196
94. Mango Curry Kip Pastasalade 198
95. Pastasalade Met Kippesto Caprese 200
96. Aziatische Sesam Kip Noedelsalade 202
97. Pastasalade met citroenkruidkalkoen en asperges 204
98. Pastasalade met Kip en Broccoli Pesto 206
99. Pastasalade met Buffelkip 208
100. Pastasalade met cranberry-walnootkip 210

CONCLUSIE **212**

INVOERING

Welkom bij 'Het ambachtelijke antipastosaladekookboek: 100 antipastosalade-inspiraties van de kusten van Italië, Griekenland en daarbuiten.' Antipastosalades zijn een viering van mediterrane smaken, waarbij verse ingrediënten, levendige kleuren en gedurfde smaken worden gecombineerd om een culinaire ervaring te creëren die zowel bevredigend als verfrissend is. In dit kookboek nodigen we je uit om op reis te gaan door de kustgebieden van Italië, Griekenland en daarbuiten, waarbij je het rijke scala aan smaken ontdekt dat dit geliefde gerecht definieert.

Afkomstig van de Italiaanse woorden "anti" (voor) en "pasto" (maaltijd), verwijst antipasto traditioneel naar een selectie kleine hapjes die vóór het hoofdgerecht worden geserveerd. De afgelopen jaren is het concept echter geëvolueerd naar een verscheidenheid aan salades die de beste ingrediënten uit de mediterrane voorraadkast presenteren. Van pittige olijven en romige kazen tot hartig gezouten vlees en knapperige groenten, antipastosalades bieden een symfonie van smaken en texturen die even bevredigend als heerlijk is.

In dit kookboek vindt u een gevarieerd aanbod aan antipasto-salade-inspiraties die geïnspireerd zijn op de culinaire tradities van Italië, Griekenland en daarbuiten. Elk recept is zorgvuldig samengesteld om de unieke smaken en ingrediënten van de betreffende regio te benadrukken, en biedt een voorproefje van de zonovergoten kusten en levendige markten die de mediterrane keuken inspireren.

Of je nu een zomerse barbecue organiseert, een picknick inpakt voor op het strand, of gewoon zin hebt in een lichte en verfrissende maaltijd, de recepten in dit kookboek zullen je smaakpapillen zeker bekoren en je bij elke hap meenemen naar verre landen. Dus pak je schort en bereid je voor op een culinair avontuur dat de kunst van antipastosalades en de levendige smaken van de Middellandse Zee viert.

SALADES VAN VIS EN ZEEVRUCHTEN

1. Antipasto tonijnsalade

INGREDIËNTEN:
- 1/2 kopje yoghurt
- 1/3 kopje mayonaise
- 1/4 kopje gehakte basilicum
- 1/4 theelepel peper
- 1/2 Engelse komkommer
- 1 paprika
- 2 kopjes kerstomaatjes; gehalveerd
- 1 1/2 kopjes bocconcini-parels
- 1/2 kopje groene olijven met Spaanse peper
- 2 eetlepels uitgelekte en gehakte ingelegde hete pepers
- 2 blikjes tonijn, uitgelekt
- Groene salades

INSTRUCTIES:
a) Meng yoghurt, mayonaise, basilicum en peper in een grote kom.
b) Meng grondig.
c) Voeg komkommer, paprika, tomaten, bocconcini, olijven en hete pepers toe.
d) Gooi om te coaten.
e) Roer er met een vork voorzichtig de tonijn door en laat het in hapklare stukjes achter.
f) Serveer bovenop de greens.

2.Mediterrane tonijn antipastosalade

INGREDIËNTEN:
- 1 blik bonen (kikkererwten, erwten met zwarte ogen of cannellinibonen), gespoeld
- 2 blikjes of pakjes met water gevulde stukjes lichte tonijn, uitgelekt en in vlokken
- 1 grote rode paprika, fijngesneden
- 1/2 kop fijngehakte rode ui
- 1/2 kop gehakte verse peterselie, verdeeld
- 4 theelepels kappertjes, afgespoeld
- 1 1/2 theelepel fijngehakte verse rozemarijn
- 1/2 kopje citroensap, verdeeld
- 4 eetlepels extra vergine olijfolie, verdeeld
- Versgemalen peper naar smaak
- 1/4 theelepel zout
- 8 kopjes gemengde saladegroenten

INSTRUCTIES:
a) Combineer bonen, tonijn, paprika, ui, peterselie, kappertjes, rozemarijn, 1/4 kopje citroensap en 2 eetlepels olie in een middelgrote kom.
b) Breng op smaak met peper.
c) Combineer het resterende 1/4 kopje citroensap, 2 eetlepels olie en zout in een grote kom.
d) Voeg groene salades toe; gooi om te coaten.
e) Verdeel de groenten over 4 borden en beleg elk bord met de tonijnsalade.

3. Mediterrane antipastosalade met zeevruchten

INGREDIËNTEN:
- 1 kop gekookte en gekoelde garnalen, gepeld en ontdaan van de darmen
- 1 kopje gemarineerde artisjokharten, in vieren gedeeld
- 1/2 kop calamaresringen, gekookt en gekoeld
- 1/2 kopje octopus, gekookt en in hapklare stukjes gesneden
- 1/2 kop kerstomaatjes, gehalveerd
- 1/4 kop zwarte olijven, ontpit
- 1/4 kop groene olijven, ontpit
- 1/4 kopje geroosterde rode paprika, in plakjes gesneden
- 1/4 kop dun gesneden rode ui
- 2 eetlepels kappertjes, uitgelekt
- Verse peterselie, gehakt (voor garnering)
- Citroenpartjes (voor serveren)

DRESSING:
- 1/4 kop extra vergine olijfolie
- 2 eetlepels rode wijnazijn
- 1 theelepel Dijon-mosterd
- 1 teentje knoflook, fijngehakt
- Zout en peper naar smaak
- Een snufje gedroogde oregano

INSTRUCTIES:
a) Meng in een grote mengkom de garnalen, artisjokharten, calamares, octopus, kerstomaatjes, zwarte en groene olijven, geroosterde rode paprika, rode ui en kappertjes.
b) Meng in een kleine kom de olijfolie, rode wijnazijn, Dijon-mosterd, gehakte knoflook, zout, peper en oregano om de dressing te maken.
c) Giet de dressing over het zeevruchtenmengsel en roer voorzichtig zodat het gelijkmatig bedekt is.
d) Zet het minstens 30 minuten in de koelkast, zodat de smaken zich kunnen vermengen.
e) Serveer gekoeld, gegarneerd met verse peterselie en vergezeld van partjes citroen.

4. Italiaanse antipastosalade met garnalen en Sint-jakobsschelp

INGREDIËNTEN:
- 1 kop gekookte en gekoelde garnalen, gepeld en ontdaan van de darmen
- 1 kopje gekookte en gekoelde sint-jakobsschelpen, gehalveerd als ze groot zijn
- 1 kopje in blokjes gesneden komkommer
- 1/2 kopje gehalveerde kerstomaatjes
- 1/2 kop dun gesneden venkelknol
- 1/4 kop gesneden radijsjes
- 1/4 kop rode ui, in dunne plakjes gesneden
- Verse basilicumblaadjes, gescheurd (voor garnering)

DRESSING:
- 1/4 kop extra vergine olijfolie
- 2 eetlepels citroensap
- 1 theelepel honing
- 1 klein teentje knoflook, fijngehakt
- Zout en gemalen zwarte peper naar smaak
- Schil van 1 citroen

INSTRUCTIES:
a) Meng in een grote slakom garnalen, sint-jakobsschelpen, komkommer, kerstomaatjes, venkel, radijsjes en rode ui.
b) Meng in een kleine kom olijfolie, citroensap, honing, knoflook, zout, peper en citroenschil om de dressing te maken.
c) Sprenkel de dressing over het mengsel van zeevruchten en groenten en roer voorzichtig om te combineren.
d) Laat de salade ongeveer 20 minuten in de koelkast afkoelen voordat je hem serveert.
e) Garneer vlak voor het serveren met verse basilicum.

5.Antipastosalade met gerookte zalm en avocado

INGREDIËNTEN:
- 2 kopjes gemengde groenten (zoals rucola en spinazie)
- 4 oz gerookte zalm, in dunne plakjes gesneden
- 1 avocado, in plakjes gesneden
- 1/2 komkommer, in linten gesneden
- 1/4 kop rode ui, in dunne plakjes gesneden
- 2 eetlepels kappertjes, uitgelekt
- Verse dille voor garnering

INSTRUCTIES:
a) Schik de gemengde groenten op een schaal of in een grote kom als basis voor uw salade.
b) Beleg met plakjes gerookte zalm, plakjes avocado, komkommerlinten, rode ui en kappertjes.
c) Klop in een kleine kom de olijfolie, het citroensap, de honing, het zout en de peper samen om de dressing te maken.
d) Druppel vlak voor het serveren de dressing over de salade.
e) Garneer met verse dille. Serveer onmiddellijk om te genieten van de frisse smaken.

6.Gegrilde Octopus en Aardappel Antipastosalade

INGREDIËNTEN:
- 1 pond octopus, schoongemaakt en voorgekookt tot ze gaar zijn
- 1 pond kleine aardappelen, gekookt tot ze gaar zijn en gehalveerd
- 1/4 kop extra vergine olijfolie, plus extra voor grillen
- 1/2 citroen, uitgeperst
- 2 teentjes knoflook, fijngehakt
- 1 theelepel gerookte paprikapoeder
- 1/4 kopje peterselie, gehakt
- Zout en versgemalen zwarte peper naar smaak

INSTRUCTIES:
a) Verwarm uw grill voor op middelhoog vuur. Meng de voorgekookte octopus met een beetje olijfolie, zout en peper.
b) Grill de octopus ongeveer 2-3 minuten aan elke kant, tot hij verkoold en knapperig is. Laat het iets afkoelen en snijd het in hapklare stukken.
c) Meng in een grote kom de gegrilde octopus, gekookte aardappelen, olijfolie, citroensap, gehakte knoflook, gerookte paprika en peterselie. Gooi om te combineren.
d) Breng op smaak met zout en peper.
e) Serveer de salade warm of op kamertemperatuur, eventueel gegarneerd met extra peterselie.

VEGGIESALADES

7.Italiaanse Antipasto Saladekom

INGREDIËNTEN:
- 6 ons artisjokharten
- 8-3/4 ounce blik kekerbonen, uitgelekt
- 8-3/4 ounce kan rode bruine bonen, uitgelekt
- 6-1/2 ounce kan tonijn in water aansteken, uitgelekt en in vlokken
- 1/2 zoete rode ui, in dunne plakjes gesneden
- 3 eetlepels Italiaanse saladedressing
- 1/2 kop bleekselderij, in dunne plakjes gesneden
- 6 kopjes gemengde sla
- 2 ons ansjovis, uitgelekt
- 3 ons droge salami, in dunne reepjes gesneden
- 2 ons Fontina-kaas, in blokjes gesneden
- Ingelegde rode en groene paprika's voor garnering

INSTRUCTIES:
a) Meng artisjok en marinade met bonen, tonijn, ui en 2 eetlepels dressing uit een fles.
b) Dek af en zet 1 uur of langer in de koelkast om de smaken te mengen.
c) Meng het gemarineerde mengsel in een grote slakom lichtjes met selderij en groene salades.
d) Meng indien nodig nog een beetje dressing uit een flesje.
e) Verdeel de ansjovis, salami en kaas erover en garneer met paprika. Serveer onmiddellijk.

8.Gegrilde Groenten Antipasto Salade

INGREDIËNTEN:
- 2 middelgrote courgettes, in de lengte gesneden
- 2 paprika's (verschillende kleuren), gehalveerd en zonder zaadjes
- 1 grote aubergine, in rondjes gesneden
- 1 rode ui, in dikke ringen gesneden
- 1 kop kerstomaatjes
- 1/4 kopje verse basilicumblaadjes, gescheurd
- 1/4 kop Kalamata-olijven, ontpit en gehalveerd
- 2 eetlepels kappertjes, uitgelekt
- Zout en zwarte peper naar smaak
- Extra vergine olijfolie, om te grillen

DRESSING:
- 1/4 kop extra vergine olijfolie
- 2 eetlepels balsamicoazijn
- 1 teentje knoflook, fijngehakt
- 1 theelepel Dijon-mosterd
- Zout en versgemalen zwarte peper naar smaak

INSTRUCTIES:
a) Verwarm de grill voor op middelhoog vuur.
b) Bestrijk de groenten met olijfolie en breng op smaak met zout en peper.
c) Grill de groenten tot ze gaar en licht verkoold zijn, ongeveer 4-5 minuten per kant voor courgette, paprika en aubergine, en ongeveer 2-3 minuten voor uienringen.
d) Haal de groenten van de grill en laat ze iets afkoelen. Snijd ze vervolgens in hapklare stukjes.
e) Meng in een grote kom de gegrilde groenten, kerstomaatjes, gescheurde basilicumblaadjes, olijven en kappertjes.
f) Meng in een kleine kom de olijfolie, balsamicoazijn, gehakte knoflook, Dijon-mosterd, zout en peper om de dressing te maken.
g) Giet de dressing over de salade en roer voorzichtig door.
h) Serveer op kamertemperatuur of gekoeld, indien gewenst gegarneerd met extra basilicumblaadjes.

9.Verse tuin antipastosalade

INGREDIËNTEN:
- 2 kopjes gemengde saladegroenten (zoals rucola, spinazie en sla)
- 1 kop kerstomaatjes, gehalveerd
- 1 kopje komkommer, in blokjes gesneden
- 1 kop paprika (verschillende kleuren), in blokjes gesneden
- 1/2 kop rode ui, in dunne plakjes gesneden
- 1/4 kop ontpitte groene olijven, gehalveerd
- 1/4 kop verkruimelde fetakaas
- 2 eetlepels gehakte verse basilicum
- Zout en zwarte peper naar smaak

INSTRUCTIES:
a) Meng in een grote slakom de gemengde slagroenten, kerstomaatjes, in blokjes gesneden komkommer, in blokjes gesneden paprika, in dunne plakjes gesneden rode ui en gehalveerde groene olijven.
b) Strooi verkruimelde fetakaas over de salade.
c) Voeg gehakte verse basilicum erbovenop toe.
d) Breng op smaak met zout en zwarte peper.
e) Meng voorzichtig om alle ingrediënten te combineren en de smaken gelijkmatig te verdelen.
f) Serveer onmiddellijk als verfrissend en levendig voorgerecht of bijgerecht. Geniet bij elke hap van de frisse smaak van de tuin!

10.Grieks geïnspireerde antipastosalade

INGREDIËNTEN:
- 1 kop kerstomaatjes, gehalveerd
- 1 komkommer, in blokjes gesneden
- 1 paprika (elke kleur), in blokjes gesneden
- 1 kopje Kalamata-olijven, ontpit
- 1/2 kop rode ui, in dunne plakjes gesneden
- 1 kopje fetakaas, verkruimeld
- 1/4 kop verse peterselie, gehakt
- 1/4 kop extra vergine olijfolie
- 2 eetlepels rode wijnazijn
- 1 theelepel gedroogde oregano
- Zout en peper naar smaak

INSTRUCTIES:
a) Meng in een grote kom de kerstomaatjes, komkommer, paprika, olijven, rode ui, fetakaas en peterselie.
b) Meng in een kleine kom olijfolie, rode wijnazijn, gedroogde oregano, zout en peper om de dressing te maken.
c) Giet de dressing over de salade en roer voorzichtig door.
d) Serveer onmiddellijk of laat het ongeveer 30 minuten in de koelkast staan, zodat de smaken zich kunnen vermengen.

11. Caprese antipastosalade

INGREDIËNTEN:
- 2 kopjes kerstomaatjes, gehalveerd
- 2 kopjes mini-mozzarellaballetjes (bocconcini)
- 1/4 kopje verse basilicumblaadjes, gescheurd
- 2 eetlepels extra vergine olijfolie
- 1 eetlepel balsamicoazijn
- Zout en peper naar smaak

INSTRUCTIES:
a) Meng in een grote kom de kerstomaatjes, mini-mozzarellabolletjes en gescheurde basilicumblaadjes.
b) Druppel olijfolie en balsamicoazijn over de salade.
c) Breng op smaak met zout en peper.
d) Meng voorzichtig om te combineren.
e) Serveer onmiddellijk, of zet het maximaal 30 minuten in de koelkast voordat u het serveert, zodat de smaken zich kunnen vermengen.

GEKOOKTE VLEES SALADES

12.Toscaanse antipastosalade

INGREDIËNTEN:
- Prosciutto
- Salami
- Gemarineerde artisjokharten
- Olijven (groen en zwart)
- Zongedroogde tomaten
- Verse mozzarellabolletjes
- Gegrilde sneetjes brood

INSTRUCTIES:
a) Schik alle ingrediënten op een grote schaal.
b) Serveer met gegrilde sneetjes brood.
c) Besprenkel extra vierge olijfolie en bestrooi met verse kruiden voor extra smaak.

13. Partij antipastosalade

INGREDIËNTEN:
- 1 kan (16 oz.) artisjokharten; uitgelekt/gehalveerd
- 1 pond bevroren spruitjes
- ¾ pond Cherrytomaatjes
- 1 pot (5 3/4 oz.) groene Spaanse olijven; gedraineerd
- 1 pot (12 oz.) pepperoncini-pepers; gedraineerd
- 1 pond verse champignons; schoongemaakt
- 1 blikje palmharten; optioneel
- 1 pond Pepperoni of salami; in blokjes
- 1 pot (16 oz.) zwarte olijven; gedraineerd
- ¼ kopje rode wijnazijn
- ¾ kopje Olijfolie
- ½ theelepel Suiker
- 1 theelepel Dijon mosterd
- Zout; proeven
- Versgemalen peper; proeven

INSTRUCTIES :
a) Meng alle ingrediënten voordat je de vinaigrette toevoegt.
b) Zet 24 uur in de koelkast.

14. Antipasto Voorgerecht Kaasplankje

INGREDIËNTEN:
- Diverse soorten vleeswaren (zoals prosciutto, salami of capicola)
- Diverse kazen (zoals mozzarella, provolone of Asiago)
- Gemarineerde artisjokharten
- Gemarineerde olijven
- Geroosterde rode paprika
- Gegrilde of gemarineerde groenten (zoals courgette of aubergine)
- Geassorteerd brood of soepstengels
- Balsamicoglazuur of reductie voor motregen
- Verse basilicum of peterselie ter garnering

INSTRUCTIES:
a) Schik de diverse soorten gezouten vlees op een grote serveerplank of schaal.
b) Leg de diverse kazen naast het vlees.
c) Voeg gemarineerde artisjokharten, gemarineerde olijven en geroosterde rode paprika's toe aan het bord.
d) Voeg gegrilde of gemarineerde groenten toe voor extra smaak en variatie.
e) Zorg voor een assortiment brood of soepstengels waar de gasten van kunnen genieten bij het vlees en de kazen.
f) Besprenkel balsamicoglazuur of reductie over de ingrediënten voor een pittige en zoete toets.
g) Garneer met verse basilicum of peterselie voor extra frisheid en visuele aantrekkingskracht.
h) Serveer en geniet!

15. Antipasto Wontonsalade

INGREDIËNTEN:
- 4 kopjes gemengde groenten
- 1/4 kop gesneden salami
- 1/4 kop gesneden pepperoni
- 1/4 kop gesneden provolonekaas
- 1/4 kopje gesneden geroosterde rode paprika
- 8 wontonvellen, gebakken en gehakt

DRESSING:
- 2 eetlepels rode wijnazijn
- 1 eetlepel olijfolie
- 1 teentje knoflook, fijngehakt
- Zout en peper naar smaak

INSTRUCTIES:
a) Meng in een grote kom gemengde groenten, gesneden salami, gesneden pepperoni, gesneden provolonekaas en gesneden geroosterde rode paprika.
b) Meng in een kleine kom rode wijnazijn, olijfolie, gehakte knoflook, zout en peper om de dressing te maken.
c) Giet de dressing over de salade en roer door elkaar.
d) Beleg met gehakte gebakken wontons.
e) Serveer onmiddellijk.

16. Spaanse antipastosalade met chorizo en manchego

INGREDIËNTEN:
- 4 kopjes gemengde saladegroenten (zoals babyspinazie en rucola)
- 1 kop kerstomaatjes, gehalveerd
- 1/2 kopje gesneden geroosterde rode paprika
- 1/4 kop gesneden Spaanse olijven
- 1/4 kop dun gesneden rode ui
- 4 oz dun gesneden Spaanse chorizo
- 4 oz dun gesneden Manchego-kaas
- 1/4 kop geroosterde amandelen
- Zout en zwarte peper naar smaak

DRESSING:
- 1/4 kop extra vergine olijfolie
- 2 eetlepels sherryazijn
- 1 theelepel honing
- 1 teentje knoflook, fijngehakt
- Zout en versgemalen zwarte peper naar smaak

INSTRUCTIES:
a) Meng in een grote slakom de gemengde slagroenten, kerstomaatjes, geroosterde rode paprika, Spaanse olijven en in dunne plakjes gesneden rode ui.
b) Verdeel de dun gesneden Spaanse chorizo en Manchego kaas over de salade.
c) Strooi geroosterde amandelen over de salade.
d) Meng in een kleine kom de olijfolie, sherryazijn, honing, gehakte knoflook, zout en peper om de dressing te maken.
e) Druppel vlak voor het serveren de dressing over de salade.
f) Meng voorzichtig zodat alle ingrediënten bedekt zijn met de dressing.
g) Serveer onmiddellijk als een Spaans geïnspireerde antipastosalade met een heerlijke mix van smaken.

17.Franse Charcuterie Antipastosalade

INGREDIËNTEN:
- 4 kopjes gemengde saladegroenten (zoals frisée en mâche)
- 1 kopje druiventomaten, gehalveerd
- 1/2 kop gemarineerde artisjokharten, in vieren gedeeld
- 1/4 kop Niçoise-olijven
- 1/4 kop dun gesneden rode ui
- 4 oz dun gesneden Franse ham (jambon)
- 4 oz dun gesneden saucisson sec (droge worst)
- 1/4 kopje verkruimelde geitenkaas
- Zout en zwarte peper naar smaak

DRESSING:
- 1/4 kop extra vergine olijfolie
- 2 eetlepels rode wijnazijn
- 1 theelepel Dijon-mosterd
- 1 sjalot, fijngehakt
- Zout en versgemalen zwarte peper naar smaak

INSTRUCTIES:
a) Meng in een grote slakom de gemengde slagroenten, druiventomaatjes, gemarineerde artisjokharten, Niçoise-olijven en in dunne plakjes gesneden rode ui.
b) Verdeel de dun gesneden Franse ham en saucisson sec over de salade.
c) Strooi verkruimelde geitenkaas over de salade.
d) Meng in een kleine kom de olijfolie, rode wijnazijn, Dijon-mosterd, gehakte sjalot, zout en peper om de dressing te maken.
e) Druppel vlak voor het serveren de dressing over de salade.
f) Meng voorzichtig zodat alle ingrediënten bedekt zijn met de dressing.
g) Serveer onmiddellijk als een Frans geïnspireerde antipastosalade met een verfijnd scala aan smaken.

18.Grieks geïnspireerde antipastosalade met gezouten vlees

INGREDIËNTEN:
- 4 kopjes gemengde saladegroenten (zoals romaine sla en ijsbergsla)
- 1 kop kerstomaatjes, gehalveerd
- 1/2 kopje komkommer, in blokjes gesneden
- 1/2 kopje rode paprika, in blokjes gesneden
- 1/4 kop rode ui, in dunne plakjes gesneden
- 1/4 kopje Kalamata-olijven, ontpit
- 4 oz dun gesneden Griekse salami
- 4 oz dun gesneden gyrosvlees of gegrilde kipreepjes
- 1/4 kopje verkruimelde fetakaas
- Zout en zwarte peper naar smaak

DRESSING:
- 1/4 kop extra vergine olijfolie
- 2 eetlepels rode wijnazijn
- 1 theelepel gedroogde oregano
- 1 teentje knoflook, fijngehakt
- Zout en versgemalen zwarte peper naar smaak

INSTRUCTIES:
a) Meng in een grote slakom de gemengde slagroenten, kerstomaatjes, in blokjes gesneden komkommer, in blokjes gesneden rode paprika, in dunne plakjes gesneden rode ui en Kalamata-olijven.
b) Verdeel het dun gesneden Griekse salami en gyrosvlees of de gegrilde kipreepjes over de salade.
c) Strooi verkruimelde fetakaas over de salade.
d) Meng in een kleine kom de olijfolie, rode wijnazijn, gedroogde oregano, gehakte knoflook, zout en peper om de dressing te maken.
e) Druppel vlak voor het serveren de dressing over de salade.
f) Meng voorzichtig zodat alle ingrediënten bedekt zijn met de dressing.
g) Serveer onmiddellijk als een Grieks geïnspireerde antipastosalade met gedurfde smaken en mediterrane flair.

19.Rustieke Charcuterie Antipastosalade

INGREDIËNTEN:
- 4 kopjes gemengde saladegroenten (zoals mesclunmix of babykool)
- 1 kopje heirloom-kersttomaatjes, gehalveerd
- 1/2 kop gemarineerde artisjokharten, in vieren gedeeld
- 1/4 kopje gemengde olijven zonder pit (zoals groen, zwart en Kalamata)
- 1/4 kopje gesneden geroosterde rode paprika
- 4 oz dun gesneden coppa of capicola
- 4 oz dun gesneden soppressata of pepperoni
- 1/4 kopje geschaafde Parmezaanse kaas
- Zout en zwarte peper naar smaak

DRESSING:
- 1/4 kop extra vergine olijfolie
- 2 eetlepels balsamicoazijn
- 1 theelepel honing
- 1 theelepel Dijon-mosterd
- Zout en versgemalen zwarte peper naar smaak

INSTRUCTIES:
a) Meng in een grote slakom de gemengde slagroenten, erfstuk-kersttomaatjes, gemarineerde artisjokharten, gemengde olijven en gesneden geroosterde rode paprika's.
b) Verdeel de dun gesneden coppa of capicola en de soppressata of pepperoni over de salade.
c) Strooi geschaafde Parmezaanse kaas over de salade.
d) Klop in een kleine kom de olijfolie, balsamicoazijn, honing, Dijon-mosterd, zout en peper samen om de dressing te maken.
e) Druppel vlak voor het serveren de dressing over de salade.
f) Meng voorzichtig zodat alle ingrediënten bedekt zijn met de dressing.
g) Serveer onmiddellijk als een rustieke charcuterie-antipastosalade met robuuste smaken en een vleugje zoetheid van de dressing.

20. Antipastosalade met in prosciutto verpakte meloen

INGREDIËNTEN:
- 4 kopjes gemengde saladegroenten (zoals botersla en babyspinazie)
- 1 kopje meloen- of honingmeloenballetjes
- 1/2 kop kerstomaatjes, gehalveerd
- 1/4 kop dun gesneden rode ui
- 1/4 kop gemarineerde artisjokharten, in vieren gedeeld
- 1/4 kop ontpitte zwarte olijven
- 4 oz dun gesneden prosciutto
- 1/4 kopje verkruimelde geitenkaas
- Zout en zwarte peper naar smaak

DRESSING:
- 1/4 kop extra vergine olijfolie
- 2 eetlepels witte balsamicoazijn
- 1 theelepel honing
- 1 theelepel Dijon-mosterd
- Zout en versgemalen zwarte peper naar smaak

INSTRUCTIES:
a) Meng in een grote slakom de gemengde sla, meloen- of honingmeloenballetjes, kerstomaatjes, in dunne plakjes gesneden rode ui, gemarineerde artisjokharten en ontpitte zwarte olijven.
b) Omwikkel elk meloenbolletje met een plakje prosciutto.
c) Leg de in prosciutto gewikkelde meloenballetjes op de salade.
d) Strooi verkruimelde geitenkaas over de salade.
e) Klop in een kleine kom de olijfolie, witte balsamicoazijn, honing, Dijon-mosterd, zout en peper samen om de dressing te maken.
f) Druppel vlak voor het serveren de dressing over de salade.
g) Meng voorzichtig zodat alle ingrediënten bedekt zijn met de dressing.
h) Serveer direct als elegante antipastosalade met een heerlijke combinatie van zoete en hartige smaken.

PASTA SALADES

21.Pittige Cheddar Fusilli-salade

INGREDIËNTEN:
- 2 Eetlepels olijfolie
- 6 groene uien, gehakt
- 1 theelepel zout
- 3/4 kop gehakte ingelegde jalapeno-pepers
- 1 (16 oz.) pakket fusilli-pasta
- 1 (2,25 oz.) kan zwarte olijven snijden
- 2 pond extra mager rundergehakt
- 1 (1,25 oz.) pakket taco-kruidenmix
- 1 (8 oz.) pakket geraspte Cheddar-kaas
- 1 (24 oz.) pot milde salsa
- 1 (8 oz.) fles ranchdressing
- 1 1/2 rode paprika, gehakt

INSTRUCTIES:
a) Zet een grote pan op middelhoog vuur. Vul het met water en roer er de olijfolie met zout door.
b) Kook het totdat het begint te koken.
c) Voeg de pasta toe en kook deze gedurende 10 min. Haal het uit het water en leg het opzij om uit te lekken.
d) Zet een grote pan op middelhoog vuur. Hierin het rundvlees 12 min. bruin bakken. Gooi het overtollige vet weg.
e) Voeg de tacokruiden toe en meng alles goed. Zet het mengsel opzij om de warmte volledig te verliezen.
f) Neem een grote mengkom: meng de salsa, ranchdressing, paprika, groene uien, jalapenos en zwarte olijven erin.
g) Voeg de pasta met gekookt rundvlees, Cheddar-kaas en dressingmix toe. Roer ze goed. Leg een stuk plasticfolie over de slakom. Zet het 1 uur en 15 minuten in de koelkast.

22.Italiaanse koude pastasalade met salami

INGREDIËNTEN:

- 2 kopjes rotini-pasta, gekookt en gekoeld
- 1/2 pond salami, in plakjes gesneden en in hapklare stukjes gesneden
- 1 kop kerstomaatjes, gehalveerd
- 1/2 kop mozzarellaballetjes (bocconcini)
- 1/4 kop zwarte olijven, in plakjes gesneden
- 1/4 kopje rode ui, fijngehakt
- 1/4 kopje verse basilicum, gehakt
- 3 eetlepels extra vergine olijfolie
- 2 eetlepels rode wijnazijn
- Zout en peper naar smaak

INSTRUCTIES:

a) Meng in een grote kom pasta, salami, kerstomaatjes, mozzarellabolletjes, zwarte olijven, rode ui en verse basilicum.
b) Meng in een kleine kom olijfolie, rode wijnazijn, zout en peper.
c) Giet de dressing over het pastamengsel en roer tot alles goed bedekt is.
d) Zet minimaal 1 uur in de koelkast voordat u het serveert.

23. Koude pastasalade met kalkoen en cranberry

INGREDIËNTEN:
- 2 kopjes fusilli of farfalle pasta, gekookt en gekoeld
- 1/2 pond kalkoenfilet, gekookt en in blokjes gesneden
- 1/2 kopje gedroogde veenbessen
- 1/4 kopje pecannoten, gehakt en geroosterd
- 1/2 kopje selderij, fijngehakt
- 1/4 kopje rode ui, fijngehakt
- 1/3 kopje mayonaise
- 2 eetlepels Dijonmosterd
- Zout en peper naar smaak

INSTRUCTIES:
a) Meng in een grote kom pasta, in blokjes gesneden kalkoen, gedroogde veenbessen, pecannoten, selderij en rode ui.
b) Meng in een kleine kom mayonaise, Dijon-mosterd, zout en peper.
c) Giet de dressing over het pastamengsel en roer tot alles goed bedekt is.
d) Zet minimaal 1 uur in de koelkast voordat u het serveert.

24. Koude Pastasalade Met Ham En Cheddar

INGREDIËNTEN:
- 2 kopjes elleboogmacaroni, gekookt en gekoeld
- 1/2 pond ham, in blokjes gesneden
- 1 kopje cheddarkaas, in blokjes
- 1/2 kop kerstomaatjes, gehalveerd
- 1/4 kopje rode paprika, in blokjes gesneden
- 1/4 kopje groene uien, gehakt
- 1/3 kopje mayonaise
- 2 eetlepels zure room
- 1 eetlepel Dijon-mosterd
- Zout en peper naar smaak

INSTRUCTIES:
a) Meng in een grote kom de pasta, de hamblokjes, de cheddarkaas, de kerstomaatjes, de rode paprika en de groene uien.
b) Klop in een kleine kom mayonaise, zure room, Dijon-mosterd, zout en peper door elkaar.
c) Giet de dressing over het pastamengsel en roer tot alles goed bedekt is.
d) Zet minimaal 1 uur in de koelkast voordat u het serveert.

25. Kip Caesar Koude Pastasalade

INGREDIËNTEN:
- 2 kopjes penne pasta, gekookt en gekoeld
- 1 pond gegrilde kipfilet, in plakjes gesneden
- 1/2 kop kerstomaatjes, gehalveerd
- 1/4 kop zwarte olijven, in plakjes gesneden
- 1/4 kop geraspte Parmezaanse kaas
- 1/4 kop croutons, geplet
- 1/2 kopje Caesardressing
- Verse peterselie ter garnering
- Zout en peper naar smaak

INSTRUCTIES:
a) Meng in een grote kom pasta, gegrilde kip, kerstomaatjes, zwarte olijven, Parmezaanse kaas en gemalen croutons.
b) Voeg de Caesardressing toe en roer tot alles goed gemengd is.
c) Garneer met verse peterselie.
d) Zet minimaal 1 uur in de koelkast voordat u het serveert.

26. Griekse Orzo Pastasalade met Gyrovlees

INGREDIËNTEN:
- 2 kopjes orzo-pasta, gekookt en gekoeld
- 1/2 pond gyrosvlees, in plakjes gesneden
- 1 kopje komkommer, in blokjes gesneden
- 1/2 kop kerstomaatjes, gehalveerd
- 1/4 kopje rode ui, fijngehakt
- 1/3 kopje Kalamata-olijven, in plakjes gesneden
- 1/2 kop fetakaas, verkruimeld
- 3 eetlepels Griekse dressing
- Verse oregano voor garnering
- Zout en peper naar smaak

INSTRUCTIES:

a) Meng in een grote kom orzo-pasta, gesneden gyrosvlees, komkommer, kerstomaatjes, rode ui, Kalamata-olijven en fetakaas.
b) Voeg de Griekse dressing toe en roer tot alles goed gemengd is.
c) Garneer met verse oregano.
d) Zet minimaal 1 uur in de koelkast voordat u het serveert.

27. Pastasalade met rosbief en cheddar

INGREDIËNTEN:
- 2 kopjes fusilli-pasta, gekookt en gekoeld
- 1/2 pond rosbief, in dunne plakjes gesneden en in reepjes gesneden
- 1/2 kopje cheddarkaas, in blokjes
- 1/4 kopje rode paprika, in blokjes gesneden
- 1/4 kop groene paprika, in blokjes gesneden
- 1/4 kopje rode ui, fijngehakt
- 1/3 kop romige mierikswortheldressing
- Zout en peper naar smaak

INSTRUCTIES:
a) Meng in een grote kom pasta, rosbief, cheddarkaas, rode paprika, groene paprika en rode ui.
b) Voeg de romige mierikswortheldressing toe en roer tot alles goed bedekt is.
c) Breng op smaak met zout en peper.
d) Zet minimaal 1 uur in de koelkast voordat u het serveert.

28. Bacon Ranch Koude Kip Pastasalade

INGREDIËNTEN:
- 2 kopjes rotini-pasta, gekookt en gekoeld
- 1 pond gekookte kipfilet, in blokjes gesneden
- 1/2 kop spek, gekookt en verkruimeld
- 1/2 kop kerstomaatjes, gehalveerd
- 1/4 kopje rode ui, fijngehakt
- 1/2 kop cheddarkaas, versnipperd
- 1/3 kopje ranchdressing
- Verse bieslook ter garnering
- Zout en peper naar smaak

INSTRUCTIES:
a) Meng in een grote kom de pasta, de in blokjes gesneden kip, het spek, de kerstomaatjes, de rode ui en de cheddarkaas.
b) Voeg de ranchdressing toe en roer tot alles goed gemengd is.
c) Garneer met verse bieslook.
d) Zet minimaal 1 uur in de koelkast voordat u het serveert.

29. Italiaanse Antipasto Pastasalade

INGREDIËNTEN:
- 2 kopjes vlinderdaspasta, gekookt en gekoeld
- 1/2 pond salami, in plakjes gesneden en in reepjes gesneden
- 1/2 kopje provolonekaas, in blokjes
- 1/4 kop zwarte olijven, in plakjes gesneden
- 1/4 kop groene olijven, in plakjes gesneden
- 1/4 kopje geroosterde rode paprika, gehakt
- 1/4 kopje artisjokharten, gehakt
- 1/3 kopje Italiaanse dressing
- Verse basilicum ter garnering
- Zout en peper naar smaak

INSTRUCTIES:
a) Meng in een grote kom pasta, salami, provolonekaas, zwarte olijven, groene olijven, geroosterde rode paprika's en artisjokharten.
b) Voeg de Italiaanse dressing toe en roer tot alles goed bedekt is.
c) Garneer met verse basilicum.
d) Zet minimaal 1 uur in de koelkast voordat u het serveert.

30. Pastasalade met gerookte kalkoen en avocado

INGREDIËNTEN:
- 2 kopjes penne pasta, gekookt en gekoeld
- 1/2 pond gerookte kalkoen, in blokjes gesneden
- 1 avocado, in blokjes gesneden
- 1/2 kop kerstomaatjes, gehalveerd
- 1/4 kopje rode ui, fijngehakt
- 1/4 kop fetakaas, verkruimeld
- 2 eetlepels verse koriander, gehakt
- Sap van 2 limoenen
- 3 eetlepels olijfolie
- Zout en peper naar smaak

INSTRUCTIES:
a) Meng in een grote kom de pasta, in blokjes gesneden gerookte kalkoen, in blokjes gesneden avocado, kerstomaatjes, rode ui, fetakaas en koriander.
b) Besprenkel met limoensap en olijfolie.
c) Meng tot alles goed gemengd is.
d) Breng op smaak met zout en peper.
e) Zet minimaal 1 uur in de koelkast voordat u het serveert.

31. Pastasalade met gegrilde worst en groenten

INGREDIËNTEN:
- 2 kopjes rotini-pasta, gekookt en gekoeld
- 1/2 pond gegrilde worst, in plakjes gesneden
- 1 kopje courgette, in blokjes gesneden
- 1 kop kerstomaatjes, gehalveerd
- 1/2 kop rode paprika, in blokjes gesneden
- 1/4 kopje rode ui, fijngehakt
- 1/3 kopje balsamicovinaigrette
- Verse basilicum ter garnering
- Zout en peper naar smaak

INSTRUCTIES:
a) Meng in een grote kom pasta, gegrilde worst, courgette, kerstomaatjes, rode paprika en rode ui.
b) Voeg de balsamicovinaigrette toe en roer tot alles goed bedekt is.
c) Garneer met verse basilicum.
d) Breng op smaak met zout en peper.
e) Zet minimaal 1 uur in de koelkast voordat u het serveert.

32. Koude pastasalade met garnalen en avocado

INGREDIËNTEN:
- 2 kopjes rotini-pasta, gekookt en gekoeld
- 1/2 pond gekookte garnalen, gepeld en ontdaan van darmen
- 1 avocado, in blokjes gesneden
- 1/2 kop kerstomaatjes, gehalveerd
- 1/4 kopje rode ui, fijngehakt
- 1/4 kopje komkommer, in blokjes gesneden
- 2 eetlepels verse koriander, gehakt
- Sap van 2 limoenen
- 3 eetlepels olijfolie
- Zout en peper naar smaak

INSTRUCTIES:
a) Meng in een grote kom de pasta, gekookte garnalen, in blokjes gesneden avocado, kerstomaatjes, rode ui, komkommer en koriander.
b) Besprenkel met limoensap en olijfolie.
c) Meng tot alles goed gemengd is.
d) Breng op smaak met zout en peper.
e) Zet minimaal 1 uur in de koelkast voordat u het serveert.

33.Pastrami en Zwitserse koude pastasalade

INGREDIËNTEN:
- 2 kopjes penne pasta, gekookt en gekoeld
- 1/2 pond pastrami, in plakjes gesneden en in reepjes gesneden
- 1/2 kop Zwitserse kaas, in blokjes
- 1/4 kop dille-augurken, gehakt
- 1/4 kopje rode ui, fijngehakt
- 1/3 kopje mayonaise
- 2 eetlepels Dijonmosterd
- Zout en peper naar smaak

INSTRUCTIES:
a) Meng in een grote kom pasta, pastrami, Zwitserse kaas, dille-augurken en rode ui.
b) Meng in een kleine kom mayonaise, Dijon-mosterd, zout en peper.
c) Giet de dressing over het pastamengsel en roer tot alles goed bedekt is.
d) Zet minimaal 1 uur in de koelkast voordat u het serveert.

34. Koude pastasalade met tonijn en witte bonen

INGREDIËNTEN:
- 2 kopjes fusilli-pasta, gekookt en gekoeld
- 1 blikje witte bonen (15 oz), uitgelekt en afgespoeld
- 1 blikje tonijn, uitgelekt en in vlokken
- 1/2 kop kerstomaatjes, gehalveerd
- 1/4 kopje rode ui, fijngehakt
- 1/4 kop zwarte olijven, in plakjes gesneden
- 2 eetlepels verse peterselie, gehakt
- 3 eetlepels rode wijnazijn
- 2 eetlepels olijfolie
- Zout en peper naar smaak

INSTRUCTIES:
a) Meng in een grote kom pasta, witte bonen, tonijn, kerstomaatjes, rode ui, zwarte olijven en peterselie.
b) Meng in een kleine kom rode wijnazijn, olijfolie, zout en peper.
c) Giet de dressing over het pastamengsel en roer tot alles goed bedekt is.
d) Zet minimaal 1 uur in de koelkast voordat u het serveert.

35. BBQ Pastasalade met Kip en Maïs

INGREDIËNTEN:
- 2 kopjes vlinderdaspasta, gekookt en gekoeld
- 1 pond gegrilde kipfilet, in blokjes gesneden
- 1 kop maïskorrels, gekookt (vers of bevroren)
- 8 reepjes spek gekookt
- 1/4 kopje rode ui, fijngehakt
- 1/4 kop koriander, gehakt
- 1/3 kop barbecuesaus
- 2 eetlepels mayonaise
- Zout en peper naar smaak

INSTRUCTIES:
a) Meng in een grote kom pasta, in blokjes gesneden gegrilde kip, maïs, spek, rode ui en koriander.
b) Meng de barbecuesaus en mayonaise in een kleine kom.
c) Giet de dressing over het pastamengsel en roer tot alles goed bedekt is.
d) Breng op smaak met zout en peper.
e) Zet minimaal 1 uur in de koelkast voordat u het serveert.

36.Pastasalade met Italiaanse worst en paprika

INGREDIËNTEN:
- 2 kopjes rotini-pasta, gekookt en gekoeld
- 1/2 pond Italiaanse worst, gegrild en in plakjes gesneden
- 1/2 kopje paprika (verschillende kleuren), in plakjes gesneden
- 1/4 kopje rode ui, fijngehakt
- 1/4 kop zwarte olijven, in plakjes gesneden
- 1/3 kopje Italiaanse dressing
- Verse basilicum ter garnering
- Zout en peper naar smaak

INSTRUCTIES:
a) Meng de pasta, gegrilde Italiaanse worst, paprika, rode ui en zwarte olijven in een grote kom.
b) Voeg de Italiaanse dressing toe en roer tot alles goed gemengd is.
c) Garneer met verse basilicum.
d) Breng op smaak met zout en peper.
e) Zet minimaal 1 uur in de koelkast voordat u het serveert.

37. Copycat Ruby Tuesday Pastasalade

INGREDIËNTEN:
- 10 ons bevroren erwten
- 1 pond rotini-noedels
- ¼ kopje karnemelk
- 2 eetlepels ranchkruiden
- ½ theelepel knoflookzout
- ½ theelepel zwarte peper
- Parmezaanse kaas, om te garneren
- 2 kopjes mayonaise
- 8 ons ham, in blokjes gesneden

INSTRUCTIES
PASTA SALADE
a) Bereid de rotini-noedels volgens de instructies op de doos.
b) Om het kookproces te stoppen, laat u het vlees grondig uitlekken en spoelt u het af met koud water.
c) Zorg er na het spoelen voor dat het goed leegloopt.

DRESSING
d) Combineer de mayonaise, karnemelk, ranchkruiden, knoflookzout en zwarte peper.

VERZAMELEN
e) Combineer de pasta, ham en diepvrieserwten in een serveerschaal.
f) Voeg de dressing toe en roer totdat deze gelijkmatig verdeeld is.
g) Zet het minimaal een uur in de koelkast, zodat de smaken zich kunnen vermengen.
h) Roer het goed door voordat je het serveert met geraspte Parmezaanse kaas erbovenop.

38. Kaasachtige Pepperoni Rotini-salade

INGREDIËNTEN:
- 1 (16 oz.) pakket driekleurige rotini-pasta
- 1 (8 oz.) pakje mozzarellakaas
- 1/4 pond gesneden pepperoniworst
- 1 kopje verse broccoliroosjes
- 1 (16 oz.) fles Italiaanse salade
- 1 (6 oz.) blik zwarte olijven, uitgelekt
- dressing

INSTRUCTIES:
a) Kook de pasta volgens de instructies op de verpakking.
b) Neem een grote mengkom: gooi de pasta, pepperoni, broccoli, olijven, kaas en dressing erin.
c) Pas de smaak van de salade aan en plaats deze 1 uur en 10 minuten in de koelkast. Serveer het.

39.Pastasalade met gorgonzola

INGREDIËNTEN:
- 1 (16 oz.) pakje pennepasta
- 1/2 kopje canola-olie
- 2 eetlepels koolzaadolie
- 1/4 kop walnootolie
- 2 C. verse spinazie - gespoeld, gedroogd en in hapklare stukjes gescheurd
- 1/3 kopje champagneazijn
- 2 eetlepels honing
- 1 kleine groene paprika, in stukjes van 1 inch gesneden
- 2 C. verkruimelde Gorgonzola-kaas
- 1 C. gehakte walnoten
- 1 kleine rode paprika, in stukjes van 1 inch gesneden
- 1 kleine gele paprika, in stukjes van 1 inch gesneden

INSTRUCTIES:
a) Kook de pasta volgens de instructies op de verpakking.
b) Zet een grote pan op middelhoog vuur. Kook hierin de spinazie met een scheutje water gedurende 2 tot 3 minuten of tot deze slinkt.
c) Neem een grote mengkom: doe de spinazie, groene paprika, rode paprika, gele paprika en de afgekoelde pasta erin.
d) Neem een kleine mengkom: combineer daarin de 1/2 kop canola-olie, walnootolie, azijn en honing. Meng ze goed.
e) Druppel de dressing over de pastasalade. Bestrooi het met walnoten en gorgonzolakaas en serveer het.

40.Romano Linguine-pastasalade

INGREDIËNTEN:
- 1 pakje linguinepasta
- 1/2 theelepel rode pepervlokken
- 1 (12 oz.) zak broccoliroosjes, in hapklare stukjes gesneden
- 1/4 theelepel gemalen zwarte peper
- zout naar smaak
- 1/4 kop olijfolie
- 4 theelepels gehakte knoflook
- 1/2 kop fijn geraspte Romano-kaas
- 2 Eetlepels fijngehakte verse bladpeterselie

INSTRUCTIES:
a) Kook de pasta volgens de instructies op de verpakking.
b) Breng een pot water aan de kook. Zet er een stoompan op. Stoom hierin de broccoli met de deksel erop gedurende 6 min
c) Zet een pan op middelhoog vuur. Verhit de olie erin. Fruit hierin de knoflook met pepervlokken gedurende 2 minuten.
d) Neem een grote mengkom: doe het gebakken knoflookmengsel erin met de pasta, broccoli, Romano-kaas, peterselie, zwarte peper en zout. Meng ze goed.
e) Pas de smaak van de salade aan. Serveer het meteen.
f) Genieten.

41. Muntachtige Feta en Orzo-salade

INGREDIËNTEN:
- 1 1/4 kop orzo-pasta
- 1 kleine rode ui, in blokjes gesneden
- 6 eetlepels olijfolie, verdeeld
- 1/2 kop fijngehakte verse muntblaadjes
- 3/4 kopje gedroogde bruine linzen, gespoeld en uitgelekt
- 1/2 kop gehakte verse dille
- zout en peper naar smaak
- 1/3 kopje rode wijnazijn
- 3 teentjes knoflook, fijngehakt
- 1/2 kop Kalamata-olijven, ontpit en gehakt
- 1 1/2 kopje verkruimelde fetakaas

INSTRUCTIES:
a) Kook de pasta volgens de instructies op de verpakking.
b) Breng een gezouten grote pan water aan de kook. Kook hierin de linzen tot ze beginnen te koken.
c) Zet het vuur laag en doe het deksel erop. Kook de linzen gedurende 22 minuten. Haal ze uit het water.
d) Neem een kleine mengkom: doe hierin de olijfolie, azijn en knoflook. Klop ze goed door elkaar om de dressing te maken.
e) Neem een grote mengkom: doe de linzen, dressing, olijven, fetakaas, rode ui, munt en dille erin, met zout en peper.
f) Wikkel een plasticfolie om de slakom en plaats deze 2 uur en 30 minuten in de koelkast. Pas de smaak van de salade aan en serveer hem.
g) Genieten.

42. Nootachtige Gorgonzola Pastasalade

INGREDIËNTEN:
- 2 pond entrecote, in blokjes
- 1/2 kopje rode wijn
- 1/2 gele ui, gehakt
- 1 (1,25 oz.) pakket rundvlees met uiensoepmix
- 2 (10,75 oz.) blikjes gecondenseerde champignonroomsoep
- 2 pakjes eiernoedels
- 1 kopje melk

INSTRUCTIES:
a) Verhit een grote koekenpan op middelhoog vuur en roerbak het rundvlees en de ui ongeveer 5 minuten
b) minuten.
c) Meng ondertussen in een kom de champignonsoep, wijn, melk en soepmix.
d) Doe het mengsel in de koekenpan en breng aan de kook.
e) Zet het vuur laag en laat afgedekt ongeveer 2 uur sudderen.
f) Zet het vuur op de laagste stand en laat het afgedekt ongeveer 4 uur sudderen.
g) Kook de eiernoedels in een grote pan met licht gezouten kokend water gedurende ongeveer 5 minuten.
h) Goed laten uitlekken.
i) Verdeel het rundvleesmengsel over de noedels en serveer.

43. Verse citroenpastasalade

INGREDIËNTEN:
- 1 (16 oz.) pakket driekleurige rotini-pasta
- 1 snufje zout en gemalen zwarte peper naar smaak
- 2 tomaten, zonder zaadjes en in blokjes
- 2 komkommers - geschild, gezaaid en in blokjes gesneden
- 1 avocado, in blokjes gesneden
- 1 knijp citroensap
- 1 (4 oz.) blik gesneden zwarte olijven
- 1/2 kop Italiaanse dressing, of meer naar smaak
- 1/2 kopje geraspte Parmezaanse kaas

INSTRUCTIES:
a) Kook de pasta volgens de instructies op de verpakking.
b) Neem een grote mengkom: combineer hierin de pasta, tomaten, komkommers, olijven, Italiaanse dressing, Parmezaanse kaas, zout en peper. Roer ze goed.
c) Zet de pasta 1 uur en 15 minuten in de koelkast .
d) Neem een kleine mengkom: roer hierin het citroensap met avocado. Meng de avocado met de pastasalade en serveer hem.
e) Genieten.

44. Tortellini-salade met drie kazen

INGREDIËNTEN:
- 1 pond driekleurige kaastortellini, gekookt en gekoeld
- 1 kopje mozzarellakaas, in blokjes
- 1/2 kop fetakaas, verkruimeld
- 1/4 kop geraspte Parmezaanse kaas
- 1 kop kerstomaatjes, gehalveerd
- 1/4 kopje rode ui, fijngehakt
- 1/4 kopje verse basilicum, gehakt
- 1/3 kopje balsamicovinaigrettedressing

INSTRUCTIES:
a) Meng tortellini, mozzarella, feta, Parmezaanse kaas, kerstomaatjes, rode ui en verse basilicum in een grote kom.
b) Sprenkel de balsamicovinaigrette over de salade en meng door elkaar.
c) Zet minimaal 1 uur in de koelkast voordat u het serveert.

45. Pennesalade met pesto en zongedroogde tomaten

INGREDIËNTEN:
- 2 kopjes penne pasta, gekookt en gekoeld
- 1/2 kopje zongedroogde tomaten, gehakt
- 1/2 kopje geraspte Parmezaanse kaas
- 1/3 kop pijnboompitten, geroosterd
- 1 kop babyspinazie
- 1/2 kop pestosaus
- Zout en peper naar smaak

INSTRUCTIES:
a) Meng in een grote kom de pennepasta, zongedroogde tomaten, Parmezaanse kaas, pijnboompitten en babyspinazie.
b) Voeg de pestosaus toe en roer tot alles goed bedekt is.
c) Breng op smaak met zout en peper.
d) Zet het minimaal 1 uur in de koelkast voordat u het serveert.

46. Pastasalade met Cheddar en Broccoli Bowtie

INGREDIËNTEN:
- 2 kopjes vlinderdaspasta, gekookt en gekoeld
- 1 kopje scherpe cheddarkaas, versnipperd
- 1 kopje broccoliroosjes, geblancheerd en gehakt
- 1/4 kopje rode ui, fijngehakt
- 1/2 kop mayonaise
- 2 eetlepels witte azijn
- 1 eetlepel suiker
- Zout en peper naar smaak

INSTRUCTIES:
a) Meng de vlinderdaspasta, cheddarkaas, broccoli en rode ui in een grote kom.
b) Meng in een aparte kom mayonaise, witte azijn, suiker, zout en peper.
c) Giet de dressing over het pastamengsel en roer tot het gelijkmatig bedekt is.
d) Zet minimaal 1 uur in de koelkast voordat u het serveert.

47. Salade van gegrilde tofu en sesamnoedels

INGREDIËNTEN:
- 2 kopjes sobanoedels, gekookt en gekoeld
- 1 blok extra stevige tofu, gegrild en in blokjes
- 1 kopje erwten, geblancheerd en in plakjes gesneden
- 1/2 kopje geraspte wortelen
- 1/4 kopje groene uien, gehakt
- 2 eetlepels sesamzaadjes, geroosterd
- 1/3 kopje sojasaus
- 2 eetlepels sesamolie
- 1 eetlepel rijstazijn
- 1 eetlepel honing

INSTRUCTIES:
a) Grill de tofu tot er grillsporen zichtbaar zijn en snij hem dan in blokjes.
b) Meng in een grote kom sobanoedels, gegrilde tofu, peultjes, geraspte wortels, groene uien en sesamzaadjes.
c) Meng in een kleine kom sojasaus, sesamolie, rijstazijn en honing.
d) Giet de dressing over het noedelmengsel en roer tot alles goed bedekt is.
e) Zet minimaal 1 uur in de koelkast voordat u het serveert.

48. Pastasalade met gegrilde Sint-jakobsschelpen en asperges

INGREDIËNTEN:
- 2 kopjes vlinderdaspasta, gekookt en gekoeld
- 1 pond Sint-jakobsschelpen, gegrild
- 1 kopje asperges, gegrild en gehakt
- 1/4 kopje zongedroogde tomaten, gehakt
- 1/4 kopje verse basilicum, gehakt
- 3 eetlepels extra vergine olijfolie
- Sap van 2 citroenen
- Zout en peper naar smaak

INSTRUCTIES:
a) Grill de Sint-jakobsschelpen tot ze grillsporen vertonen.
b) Grill de asperges tot ze gaar zijn en snij ze in hapklare stukjes.
c) Meng in een grote kom de pasta, gegrilde sint-jakobsschelpen, gegrilde asperges, zongedroogde tomaten en verse basilicum.
d) Meng in een kleine kom de olijfolie en het citroensap.
e) Giet de dressing over het pastamengsel en roer tot alles goed gemengd is.
f) Breng op smaak met zout en peper.
g) Zet minimaal 1 uur in de koelkast voordat u het serveert.

49. Pastasalade met tonijn en artisjok

INGREDIËNTEN:
- 2 kopjes fusilli-pasta, gekookt en gekoeld
- 1 blikje tonijn, uitgelekt en in vlokken
- 1 kop kerstomaatjes, gehalveerd
- 1/2 kopje gemarineerde artisjokharten, gehakt
- 1/4 kop zwarte olijven, in plakjes gesneden
- 2 eetlepels kappertjes
- 1/4 kopje rode ui, fijngehakt
- 2 eetlepels verse peterselie, gehakt
- 3 eetlepels olijfolie
- 2 eetlepels rode wijnazijn
- Zout en peper naar smaak

INSTRUCTIES:
a) Meng in een grote kom pasta, tonijn, kerstomaatjes, artisjokharten, olijven, kappertjes, rode ui en peterselie.
b) Meng in een kleine kom olijfolie, rode wijnazijn, zout en peper.
c) Giet de dressing over het pastamengsel en roer tot alles goed gemengd is.
d) Zet minimaal 1 uur in de koelkast voordat u het serveert.

50. Pastasalade met garnalen en avocado

INGREDIËNTEN:
- 2 kopjes penne pasta, gekookt en gekoeld
- 1 pond gekookte garnalen, gepeld en ontdaan van darmen
- 2 avocado's, in blokjes gesneden
- 1 kop kerstomaatjes, gehalveerd
- 1/4 kopje rode ui, fijngehakt
- 1/4 kopje verse koriander, gehakt
- Sap van 2 limoenen
- 3 eetlepels olijfolie
- Zout en peper naar smaak

INSTRUCTIES:
a) Meng in een grote kom pasta, garnalen, avocado's, kerstomaatjes, rode ui en koriander.
b) Besprenkel met limoensap en olijfolie en breng op smaak met zout en peper.
c) Meng tot alles goed gemengd is.
d) Zet minimaal 1 uur in de koelkast voordat u het serveert.

51.Pastasalade met gerookte zalm en dille

INGREDIËNTEN:
- 2 kopjes rotini-pasta, gekookt en gekoeld
- 4 oz gerookte zalm, gehakt
- 1/2 kopje komkommer, in blokjes gesneden
- 1/4 kopje rode ui, fijngehakt
- 2 eetlepels kappertjes
- 1/4 kopje verse dille, gehakt
- 1/3 kop gewone Griekse yoghurt
- Sap van 1 citroen
- Zout en peper naar smaak

INSTRUCTIES:
a) Meng in een grote kom pasta, gerookte zalm, komkommer, rode ui, kappertjes en dille.
b) Meng in een kleine kom Griekse yoghurt en citroensap.
c) Giet het yoghurtmengsel over de pasta en roer tot alles bedekt is.
d) Breng op smaak met zout en peper.
e) Zet minimaal 1 uur in de koelkast voordat u het serveert.

52. Pastasalade met krab en mango

INGREDIËNTEN:
- 2 kopjes farfalle-pasta, gekookt en gekoeld
- 1 pond krabvlees, geplukt
- 1 mango, in blokjes gesneden
- 1/2 kop rode paprika, in blokjes gesneden
- 1/4 kopje rode ui, fijngehakt
- 1/4 kopje verse koriander, gehakt
- Sap van 2 limoenen
- 3 eetlepels mayonaise
- Zout en peper naar smaak

INSTRUCTIES:
a) Meng in een grote kom de pasta, het krabvlees, de mango, de rode paprika, de rode ui en de koriander.
b) Klop in een kleine kom het limoensap en de mayonaise door elkaar.
c) Giet de dressing over het pastamengsel en roer tot alles goed gemengd is.
d) Breng op smaak met zout en peper.
e) Zet minimaal 1 uur in de koelkast voordat u het serveert.

53. Pastasalade met tropisch fruit en garnalen

INGREDIËNTEN:
- 2 kopjes fusilli-pasta, gekookt en gekoeld
- 1/2 pond gekookte garnalen, gepeld en ontdaan van darmen
- 1 kopje ananasstukjes
- 1 kop mango, in blokjes gesneden
- 1/2 kop rode paprika, in blokjes gesneden
- 1/4 kopje rode ui, fijngehakt
- 1/3 kop kokosvlokken
- 3 eetlepels limoensap
- 2 eetlepels honing
- Zout en peper naar smaak

INSTRUCTIES:
a) Meng in een grote kom de pasta, gekookte garnalen, stukjes ananas, mango, rode paprika, rode ui en kokosvlokken.
b) Klop in een kleine kom het limoensap en de honing door elkaar.
c) Giet de dressing over het pastamengsel en roer tot alles goed bedekt is.
d) Breng op smaak met zout en peper.
e) Zet minimaal 1 uur in de koelkast voordat u het serveert.

54.Pastasalade met bessen en feta

INGREDIËNTEN:
- 2 kopjes vlinderdaspasta, gekookt en gekoeld
- 1 kopje aardbeien, in plakjes gesneden
- 1/2 kop bosbessen
- 1/2 kopje frambozen
- 1/2 kop fetakaas, verkruimeld
- 1/4 kop verse munt, gehakt
- 3 eetlepels balsamicoglazuur
- 3 eetlepels olijfolie
- Zout en peper naar smaak

INSTRUCTIES:
a) Meng in een grote kom pasta, aardbeien, bosbessen, frambozen, fetakaas en verse munt.
b) Besprenkel met balsamicoglazuur en olijfolie.
c) Meng tot alles goed gemengd is.
d) Breng op smaak met zout en peper.
e) Zet minimaal 1 uur in de koelkast voordat u het serveert.

55. Pastasalade met citrus en avocado

INGREDIËNTEN:
- 2 kopjes rotini-pasta, gekookt en gekoeld
- 1 sinaasappel, gesegmenteerd
- 1 grapefruit, gesegmenteerd
- 1 avocado, in blokjes gesneden
- 1/4 kopje rode ui, fijngehakt
- 2 eetlepels verse koriander, gehakt
- 3 eetlepels sinaasappelsap
- 2 eetlepels limoensap
- 3 eetlepels olijfolie
- Zout en peper naar smaak

INSTRUCTIES:
a) Meng in een grote kom de pasta, sinaasappelpartjes, grapefruitpartjes, in blokjes gesneden avocado, rode ui en koriander.
b) Meng in een kleine kom sinaasappelsap, limoensap en olijfolie.
c) Giet de dressing over het pastamengsel en roer tot alles goed bedekt is.
d) Breng op smaak met zout en peper.
e) Zet minimaal 1 uur in de koelkast voordat u het serveert.

56. Pastasalade met watermeloen en feta

INGREDIËNTEN:
- 2 kopjes penne of macaroni pasta, gekookt en gekoeld
- 2 kopjes watermeloen, in blokjes gesneden
- 1/2 kopje komkommer, in blokjes gesneden
- 1/4 kopje rode ui, fijngehakt
- 1/2 kop fetakaas, verkruimeld
- 2 eetlepels verse munt, gehakt
- 3 eetlepels balsamicoglazuur
- 3 eetlepels olijfolie
- Zout en peper naar smaak

INSTRUCTIES:
a) Meng in een grote kom pasta, watermeloen, komkommer, rode ui, fetakaas en verse munt.
b) Besprenkel met balsamicoglazuur en olijfolie.
c) Meng tot alles goed gemengd is.
d) Breng op smaak met zout en peper.
e) Zet minimaal 1 uur in de koelkast voordat u het serveert.

57. Pastasalade met mango en zwarte bonen

INGREDIËNTEN:
- 2 kopjes farfalle-pasta, gekookt en gekoeld
- 1 mango, in blokjes gesneden
- 1 kopje zwarte bonen, gespoeld en uitgelekt
- 1 kopje maïs geroosterd (optioneel)
- 1/2 kop rode paprika, in blokjes gesneden
- 1/4 kopje rode ui, fijngehakt
- 2 eetlepels verse koriander, gehakt
- 3 eetlepels limoensap
- 2 eetlepels olijfolie
- 1 theelepel komijn
- Zout en peper naar smaak

INSTRUCTIES:
a) Meng in een grote kom de pasta, de in blokjes gesneden mango, zwarte bonen, maïs, rode paprika, rode ui en koriander.
b) Meng in een kleine kom limoensap, olijfolie, komijn, zout en peper.
c) Giet de dressing over het pastamengsel en roer tot alles goed bedekt is.
d) Zet minimaal 1 uur in de koelkast voordat u het serveert.

58.Pastasalade met appel en walnoten

INGREDIËNTEN:
- 2 kopjes penne pasta, gekookt en gekoeld
- 2 appels, in blokjes gesneden
- 1/2 kopje selderij, fijngehakt
- 1/4 kopje walnoten, gehakt en geroosterd
- 1/4 kopje rozijnen
- 1/3 kopje Griekse yoghurt
- 2 eetlepels mayonaise
- 1 eetlepel honing
- 1/2 theelepel kaneel
- Zout naar smaak

INSTRUCTIES:

a) Meng in een grote kom pasta, in blokjes gesneden appels, selderij, walnoten en rozijnen.

b) Meng in een kleine kom Griekse yoghurt, mayonaise, honing, kaneel en een snufje zout.

c) Giet de dressing over het pastamengsel en roer tot alles goed bedekt is.

d) Zet minimaal 1 uur in de koelkast voordat u het serveert.

59. Pastasalade met ananas en ham

INGREDIËNTEN:
- 2 kopjes gedroogde pasta, gekookt en gekoeld
- 1 kopje ananasstukjes
- 1/2 kop ham, in blokjes gesneden
- 1/4 kopje rode paprika, in blokjes gesneden
- 1/4 kopje groene uien, gehakt
- 1/3 kopje mayonaise
- 2 eetlepels Dijonmosterd
- 1 eetlepel honing
- Zout en peper naar smaak

INSTRUCTIES:
a) Meng in een grote kom de pasta, stukjes ananas, in blokjes gesneden ham, rode paprika en groene uien.
b) Meng in een kleine kom mayonaise, Dijon-mosterd, honing, zout en peper.
c) Giet de dressing over het pastamengsel en roer tot alles goed bedekt is.
d) Zet minimaal 1 uur in de koelkast voordat u het serveert.

60. Pastasalade met citrusbessen

INGREDIËNTEN:
- 2 kopjes vlinderdaspasta, gekookt en gekoeld
- 1 kopje gemengde bessen (aardbeien, bosbessen, frambozen)
- 1 sinaasappel, gesegmenteerd
- 1/4 kop verse munt, gehakt
- 2 eetlepels honing
- 2 eetlepels sinaasappelsap
- 1 eetlepel limoensap
- Zout naar smaak

INSTRUCTIES:
a) Meng in een grote kom pasta, gemengde bessen, sinaasappelpartjes en verse munt.
b) Klop in een kleine kom de honing, het sinaasappelsap, het limoensap en een snufje zout door elkaar.
c) Giet de dressing over het pastamengsel en roer tot alles goed bedekt is.
d) Zet minimaal 1 uur in de koelkast voordat u het serveert.

61.Pastasalade met kiwi, aardbei en rotini

INGREDIËNTEN:
- 2 kopjes rotini-pasta, gekookt en gekoeld
- 1 kopje aardbeien, in plakjes gesneden
- 2 kiwi's, geschild en in blokjes
- 1/4 kopje amandelen, in plakjes gesneden en geroosterd
- 2 eetlepels maanzaaddressing
- 2 eetlepels Griekse yoghurt
- 1 eetlepel honing
- Zout naar smaak

INSTRUCTIES:
a) Meng in een grote kom pasta, gesneden aardbeien, in blokjes gesneden kiwi's en geroosterde amandelen.
b) Meng in een kleine kom de maanzaaddressing, Griekse yoghurt, honing en een snufje zout.
c) Giet de dressing over het pastamengsel en roer tot alles goed bedekt is.
d) Zet minimaal 1 uur in de koelkast voordat u het serveert.

62. Mangosalsa met Farfalle-pastasalade

INGREDIËNTEN:
- 2 kopjes farfalle-pasta, gekookt en gekoeld
- 1 mango, in blokjes gesneden
- 1/2 kopje zwarte bonen, gespoeld en uitgelekt
- 1/4 kop rode paprika, in blokjes gesneden
- 1/4 kopje rode ui, fijngehakt
- 2 eetlepels verse koriander, gehakt
- 3 eetlepels limoensap
- 2 eetlepels olijfolie
- 1 theelepel komijn
- Zout en peper naar smaak

INSTRUCTIES:
a) Meng in een grote kom de pasta, de in blokjes gesneden mango, zwarte bonen, rode paprika, rode ui en koriander.
b) Meng in een kleine kom limoensap, olijfolie, komijn, zout en peper.
c) Giet de dressing over het pastamengsel en roer tot alles goed bedekt is.
d) Zet minimaal 1 uur in de koelkast voordat u het serveert.

63. Pastasalade met perzik en prosciutto

INGREDIËNTEN:
- 2 kopjes fusilli-pasta, gekookt en gekoeld
- 2 perziken, in plakjes gesneden
- 1/4 kop prosciutto, in dunne plakjes gesneden
- 1/2 kop mozzarellaballetjes
- 1/4 kopje rode ui, fijngehakt
- 3 eetlepels balsamicoglazuur
- 3 eetlepels olijfolie
- Zout en peper naar smaak

INSTRUCTIES:
a) Meng in een grote kom pasta, gesneden perziken, prosciutto, mozzarellaballetjes en rode ui.
b) Besprenkel met balsamicoglazuur en olijfolie.
c) Meng tot alles goed gemengd is.
d) Breng op smaak met zout en peper.
e) Zet minimaal 1 uur in de koelkast voordat u het serveert.

64. Pastasalade met bosbessen en geitenkaas

INGREDIËNTEN:
- 2 kopjes penne pasta, gekookt en gekoeld
- 1 kopje bosbessen
- 1/2 kop geitenkaas, verkruimeld
- 1/4 kopje amandelen, in plakjes gesneden en geroosterd
- 2 eetlepels honing
- 2 eetlepels balsamicoazijn
- 3 eetlepels olijfolie
- Zout en peper naar smaak

INSTRUCTIES:
a) Meng pasta, bosbessen, geitenkaas en geroosterde amandelen in een grote kom.
b) Meng in een kleine kom de honing, balsamicoazijn, olijfolie, zout en peper.
c) Giet de dressing over het pastamengsel en roer tot alles goed bedekt is.
d) Zet minimaal 1 uur in de koelkast voordat u het serveert.

65. Pastasalade met spinazie, erwten, frambozen en spiraalvormige pasta

INGREDIËNTEN:
- 8 oz spiraalvormige pasta (driekleurig of volkoren voor extra kleur en voeding)
- 2 kopjes verse spinazieblaadjes, gewassen en gescheurd
- 1 kopje verse of bevroren erwten, geblancheerd en gekoeld
- 1 kopje verse frambozen, gewassen
- 1/2 kop fetakaas, verkruimeld
- 1/4 kopje rode ui, fijngehakt
- 1/4 kop gehakte verse muntblaadjes
- 1/4 kop gehakte verse basilicumblaadjes
- Voor de **AANKLEDING:**
- 1/4 kop olijfolie
- 2 eetlepels balsamicoazijn
- 1 eetlepel Dijon-mosterd
- 1 eetlepel honing
- Zout en peper naar smaak

INSTRUCTIES:

a) Kook de spiraalpasta volgens de instructies op de verpakking. Giet af en spoel af met koud water, zodat het snel afkoelt. Opzij zetten.

BEREID DE DRESSING:

b) Meng in een kleine kom de olijfolie, balsamicoazijn, Dijon-mosterd, honing, zout en peper. Pas de kruiden naar smaak aan.

MONTEER DE SALADE:

c) Meng in een grote mengkom de gekookte en gekoelde spiraalvormige pasta, gescheurde spinazieblaadjes, geblancheerde erwten, frambozen, verkruimelde fetakaas, gehakte rode ui, munt en basilicum.

d) Giet de dressing over de salade-ingrediënten.

e) Schep de salade voorzichtig om, zodat alle ingrediënten goed bedekt zijn met de dressing. Pas op dat u de frambozen niet verplettert.

f) Bedek de slakom met plasticfolie en zet deze minimaal 30 minuten in de koelkast, zodat de smaken kunnen vermengen.

g) Geef de salade voor het serveren nog een laatste keer een zachte schep. Eventueel kun je garneren met extra muntblaadjes of een scheutje feta.

66.Pastasalade met mandarijnen en amandelen

INGREDIËNTEN:
- 2 kopjes rotini-pasta, gekookt en gekoeld
- 1 blikje mandarijntjes, uitgelekt
- 1/2 kopje gesneden amandelen, geroosterd
- 1/4 kopje groene uien, gehakt
- 3 eetlepels rijstazijn
- 2 eetlepels sojasaus
- 2 eetlepels sesamolie
- 1 eetlepel honing
- Zout en peper naar smaak

INSTRUCTIES:
a) Meng in een grote kom pasta, mandarijnen, geroosterde amandelen en groene uien.
b) Meng in een kleine kom rijstazijn, sojasaus, sesamolie, honing, zout en peper.
c) Giet de dressing over het pastamengsel en roer tot alles goed bedekt is.
d) Zet minimaal 1 uur in de koelkast voordat u het serveert.

67.Pastasalade met Sint-jakobsschelpen en asperges

INGREDIËNTEN:
- 2 kopjes Gemelli-pasta, gekookt en gekoeld
- 1 pond Sint-jakobsschelpen, aangebraden
- 1 kopje asperges, geblancheerd en gehakt
- 1/4 kopje zongedroogde tomaten, gehakt
- 2 eetlepels pijnboompitten, geroosterd
- 1/4 kopje verse basilicum, gehakt
- 3 eetlepels extra vergine olijfolie
- Sap van 1 citroen
- Zout en peper naar smaak

INSTRUCTIES:
a) Meng in een grote kom de pasta, geschroeide sint-jakobsschelpen, asperges, zongedroogde tomaten, pijnboompitten en basilicum.
b) Meng in een kleine kom de olijfolie en het citroensap.
c) Giet de dressing over het pastamengsel en roer tot alles goed gemengd is.
d) Breng op smaak met zout en peper.
e) Zet minimaal 1 uur in de koelkast voordat u het serveert.

68.Salade van citroen-knoflookgarnalen en orzo

INGREDIËNTEN:
- 2 kopjes orzo-pasta, gekookt en gekoeld
- 1 pond grote garnalen, gekookt en gepeld
- 1 kop kerstomaatjes, gehalveerd
- 1/2 kopje Kalamata-olijven, in plakjes gesneden
- 1/4 kopje rode ui, fijngehakt
- 2 eetlepels verse peterselie, gehakt
- Schil en sap van 2 citroenen
- 3 eetlepels extra vergine olijfolie
- Zout en peper naar smaak

INSTRUCTIES:

a) Meng in een grote kom orzo-pasta, gekookte garnalen, kerstomaatjes, kalamata-olijven, rode ui en peterselie.

b) Meng in een kleine kom de citroenschil, het citroensap, de olijfolie, het zout en de peper.

c) Giet de dressing over het pastamengsel en roer tot alles goed bedekt is.

d) Zet minimaal 1 uur in de koelkast voordat u het serveert.

69. Knoflook-champignonfusilli met perensalade

INGREDIËNTEN:
- 1 bruine ui
- 2 teentjes knoflook
- 1 pakje gesneden champignons
- 1 zakje knoflook- en kruidenkruiden
- 1 pakje lichte kookroom
- 1 zakje kippenbouillonpoeder
- 1 pakje fusilli (bevat gluten; kan aanwezig zijn: ei, soja)
- 1 peer
- 1 zakje gemengde slablaadjes
- 1 pakje Parmezaanse kaas
- Olijfolie
- 1,75 kopjes kokend water
- Een scheutje azijn (balsamico of witte wijn)

INSTRUCTIES:

a) Kook de ketel. Snijd de bruine ui en knoflook fijn. Verhit een grote pan op middelhoog vuur met een flinke scheut olijfolie. Kook de gesneden champignons en ui, af en toe roerend, tot ze net zacht zijn, wat ongeveer 6-8 minuten duurt. Voeg de knoflook en knoflook- en kruidenkruiden toe en kook tot ze geurig zijn gedurende ongeveer 1 minuut.

b) Voeg de lichte kookroom, kokend water (1 3/4 kopjes voor 2 personen), kippenbouillonpoeder en fusilli toe. Roer om te combineren en breng het aan de kook. Zet het vuur middelhoog, dek af met een deksel en kook, onder af en toe roeren, tot de pasta 'al dente' is, wat ongeveer 11 minuten duurt. Roer de geschaafde Parmezaanse kaas erdoor en breng op smaak met peper en zout.

c) Terwijl de pasta kookt, snijd je de peer in dunne plakjes. Voeg in een middelgrote kom een scheutje azijn en olijfolie toe. Maak de dressing af met gemengde slablaadjes en peer. Breng op smaak en meng om te combineren.

d) Verdeel de romige champignonfusilli uit één pot over kommen. Serveer met de perensalade. Geniet van je heerlijke maaltijd!

70.Mediterraanse groentepastasalade

INGREDIËNTEN:
- 2 kopjes penne pasta, gekookt en gekoeld
- 1 kop kerstomaatjes, gehalveerd
- 1 komkommer, in blokjes gesneden
- 1/2 kop Kalamata-olijven, in plakjes gesneden
- 1/4 kopje rode ui, fijngehakt
- 1/2 kop fetakaas, verkruimeld
- 1/3 kopje extra vergine olijfolie
- 2 eetlepels rode wijnazijn
- 1 theelepel gedroogde oregano
- Zout en peper naar smaak

INSTRUCTIES:
a) Meng in een grote kom pasta, kerstomaatjes, komkommer, Kalamata-olijven, rode ui en fetakaas.
b) Meng in een kleine kom olijfolie, rode wijnazijn, gedroogde oregano, zout en peper.
c) Giet de dressing over het pastamengsel en roer tot alles goed bedekt is.
d) Zet minimaal 1 uur in de koelkast voordat u het serveert.

71.Pesto Veggie Spiraal Pastasalade

INGREDIËNTEN:
- 2 kopjes spiraalvormige pasta, gekookt en gekoeld
- 1 kop kerstomaatjes, gehalveerd
- 1/2 kopje artisjokharten, gehakt
- 1/2 kopje zwarte olijven, in plakjes gesneden
- 1/4 kopje rode ui, fijngehakt
- 1/3 kopje pestosaus
- 3 eetlepels geraspte Parmezaanse kaas
- Zout en peper naar smaak

INSTRUCTIES:
a) Meng in een grote kom pasta, kerstomaatjes, artisjokharten, zwarte olijven en rode ui.
b) Voeg de pestosaus toe en roer tot alles goed gemengd is.
c) Strooi geraspte Parmezaanse kaas over de salade.
d) Breng op smaak met zout en peper.
e) Zet minimaal 1 uur in de koelkast voordat u het serveert.

72. Regenboog vegetarische pastasalade

INGREDIËNTEN:
- 2 kopjes vlinderdaspasta, gekookt en gekoeld
- 1 kopje broccoliroosjes, geblancheerd
- 1 kop paprika (verschillende kleuren), in blokjes gesneden
- 1/2 kop kerstomaatjes, gehalveerd
- 1/4 kopje rode ui, fijngehakt
- 1/3 kopje Italiaanse dressing
- Verse basilicum ter garnering
- Zout en peper naar smaak

INSTRUCTIES:
a) Meng de pasta, broccoliroosjes, paprika, kerstomaatjes en rode ui in een grote kom.
b) Voeg de Italiaanse dressing toe en roer tot alles goed bedekt is.
c) Garneer met verse basilicum.
d) Breng op smaak met zout en peper.
e) Zet minimaal 1 uur in de koelkast voordat u het serveert.

73.Aziatische Sesam Groenten Noedelsalade

INGREDIËNTEN:
- 2 kopjes sobanoedels, gekookt en gekoeld
- 1 kop peultjes, geblancheerd en in plakjes gesneden
- 1 kop geraspte wortelen
- 1/2 kop rode paprika, in dunne plakjes gesneden
- 1/4 kopje groene uien, gehakt
- 2 eetlepels sesamzaadjes, geroosterd
- 1/3 kopje sojasaus
- 2 eetlepels rijstazijn
- 1 eetlepel sesamolie
- 1 eetlepel honing

INSTRUCTIES:
a) Meng in een grote kom sobanoedels, peultjes, geraspte wortels, rode paprika, groene uien en sesamzaadjes.
b) Meng in een kleine kom sojasaus, rijstazijn, sesamolie en honing.
c) Giet de dressing over het noedelmengsel en roer tot alles goed bedekt is.
d) Zet minimaal 1 uur in de koelkast voordat u het serveert.

74.Griekse Orzo Groentensalade

INGREDIËNTEN:
- 2 kopjes orzo-pasta, gekookt en gekoeld
- 1 kopje komkommer, in blokjes gesneden
- 1 kop kerstomaatjes, gehalveerd
- 1/2 kopje Kalamata-olijven, in plakjes gesneden
- 1/4 kopje rode ui, fijngehakt
- 1/2 kop fetakaas, verkruimeld
- 3 eetlepels Griekse dressing
- Verse oregano voor garnering
- Zout en peper naar smaak

INSTRUCTIES:
a) Meng in een grote kom orzo-pasta, komkommer, kerstomaatjes, Kalamata-olijven, rode ui en fetakaas.
b) Voeg de Griekse dressing toe en roer tot alles goed gemengd is.
c) Garneer met verse oregano.
d) Breng op smaak met zout en peper.
e) Zet minimaal 1 uur in de koelkast voordat u het serveert.

75. Pastasalade met geroosterde groenten en kikkererwten

INGREDIËNTEN:
- 2 kopjes fusilli-pasta, gekookt en gekoeld
- 1 kop kerstomaatjes, gehalveerd
- 1 kopje courgette, in blokjes gesneden
- 1 kop paprika (verschillende kleuren), in blokjes gesneden
- 1/2 kop rode ui, fijngehakt
- 1 blik kikkererwten (15 oz), uitgelekt en afgespoeld
- 3 eetlepels balsamicovinaigrette
- 3 eetlepels olijfolie
- 2 eetlepels verse basilicum, gehakt
- Zout en peper naar smaak

INSTRUCTIES:
a) Meng de pasta, kerstomaatjes, courgette, paprika, rode ui en kikkererwten in een grote kom.
b) Meng in een kleine kom de balsamicovinaigrette, olijfolie, basilicum, zout en peper.
c) Giet de dressing over het pastamengsel en roer tot alles goed bedekt is.
d) Zet minimaal 1 uur in de koelkast voordat u het serveert.

76.Spinazie en artisjok koude pastasalade

INGREDIËNTEN:
- 2 kopjes rotini-pasta, gekookt en gekoeld
- 1 kopje babyspinazieblaadjes
- 1 kopje artisjokharten, gehakt
- 1/2 kop kerstomaatjes, gehalveerd
- 1/4 kopje rode ui, fijngehakt
- 1/3 kopje Griekse yoghurt
- 2 eetlepels mayonaise
- 2 eetlepels geraspte Parmezaanse kaas
- 1 eetlepel citroensap
- Zout en peper naar smaak

INSTRUCTIES:
a) Meng de pasta, babyspinazie, artisjokharten, kerstomaatjes en rode ui in een grote kom.
b) Meng in een kleine kom Griekse yoghurt, mayonaise, Parmezaanse kaas, citroensap, zout en peper.
c) Giet de dressing over het pastamengsel en roer tot alles goed bedekt is.
d) Zet minimaal 1 uur in de koelkast voordat u het serveert.

77. Thaise pinda-groente-noedelsalade

INGREDIËNTEN:
- 2 kopjes rijstnoedels, gekookt en gekoeld
- 1 kopje broccoliroosjes, geblancheerd
- 1 kop geraspte wortelen
- 1/2 kopje rode paprika, in dunne plakjes gesneden
- 1/4 kopje groene uien, gehakt
- 1/4 kop pinda's, gehakt
- 1/3 kopje pindasaus
- 2 eetlepels sojasaus
- 1 eetlepel limoensap
- 1 eetlepel honing

INSTRUCTIES:
a) Meng in een grote kom rijstnoedels, broccoliroosjes, geraspte wortels, rode paprika, groene uien en pinda's.
b) Meng in een kleine kom pindasaus, sojasaus, limoensap en honing.
c) Giet de dressing over het noedelmengsel en roer tot alles goed bedekt is.
d) Zet minimaal 1 uur in de koelkast voordat u het serveert.

78.Caesar vegetarische pastasalade

INGREDIËNTEN:
- 2 kopjes vlinderdaspasta, gekookt en gekoeld
- 1 kop kerstomaatjes, gehalveerd
- 1 kopje komkommer, in blokjes gesneden
- 1/2 kopje zwarte olijven, in plakjes gesneden
- 1/4 kopje rode ui, fijngehakt
- 1/4 kop geraspte Parmezaanse kaas
- 1/4 kop croutons, geplet
- 1/2 kopje Caesardressing
- Verse peterselie ter garnering
- Zout en peper naar smaak

INSTRUCTIES:
a) Meng in een grote kom pasta, kerstomaatjes, komkommer, zwarte olijven, rode ui, Parmezaanse kaas en gemalen croutons.
b) Voeg de Caesardressing toe en roer tot alles goed gemengd is.
c) Garneer met verse peterselie.
d) Zet minimaal 1 uur in de koelkast voordat u het serveert.

79. Pastasalade met kreeft en mango

INGREDIËNTEN:
- 2 kopjes penne pasta, gekookt en gekoeld
- 1 pond kreeftenvlees, gekookt en gehakt
- 1 mango, in blokjes gesneden
- 1/2 kopje komkommer, in blokjes gesneden
- 1/4 kopje rode ui, fijngehakt
- 1/4 kopje verse munt, gehakt
- Sap van 2 limoenen
- 3 eetlepels extra vergine olijfolie
- Zout en peper naar smaak

INSTRUCTIES:
a) Meng de pasta, het kreeftenvlees, de mango, de komkommer, de rode ui en de munt in een grote kom.
b) Meng in een kleine kom limoensap, olijfolie, zout en peper.
c) Giet de dressing over het pastamengsel en roer tot alles goed gemengd is.
d) Zet minimaal 1 uur in de koelkast voordat u het serveert.

80. Mediterrane Tzatziki-garnalenpastasalade

INGREDIËNTEN:
- 2 kopjes fusilli-pasta, gekookt en gekoeld
- 1 pond gekookte garnalen, gepeld en ontdaan van darmen
- 1 kop kerstomaatjes, gehalveerd
- 1/2 kopje komkommer, in blokjes gesneden
- 1/4 kopje rode ui, fijngehakt
- 1/3 kopje Kalamata-olijven, in plakjes gesneden
- 1/2 kopje verkruimelde fetakaas
- 1/2 kopje tzatziki-saus
- Verse dille voor garnering
- Zout en peper naar smaak

INSTRUCTIES:
a) Meng in een grote kom pasta, gekookte garnalen, kerstomaatjes, komkommer, rode ui, olijven en fetakaas.
b) Voeg de tzatziki-saus toe en roer tot alles goed gemengd is.
c) Breng op smaak met zout en peper.
d) Garneer met verse dille.
e) Zet minimaal 1 uur in de koelkast voordat u het serveert.

81.Pastasalade met garnalen en kerstomaatjes

INGREDIËNTEN:
- ¾ pond garnalen, gekookt tot roze, ongeveer 2 minuten, en uitgelekt
- 12 ons rotini-pasta

GROENTEN
- 1 courgette, gehakt
- 2 gele paprika's, in vieren
- 10 druiventomaten, gehalveerd
- ½ theelepel zout
- ½ witte ui, in dunne plakjes gesneden
- ¼ kopje zwarte olijven, in plakjes gesneden
- 2 kopjes babyspinazie

ROMIGE SAUS
- 4 eetlepels ongezouten boter
- 4 eetlepels bloem voor alle doeleinden
- ½ theelepel zout
- 1 theelepel knoflookpoeder
- 1 theelepel uienpoeder
- 4 eetlepels edelgist
- 2 kopjes melk
- 2 eetlepels citroensap

VOOR HET SERVEREN
- Zwarte peper

INSTRUCTIES
PASTA:
a) Bereid pasta al dente volgens de instructies op de doos.
b) Giet af en zet het opzij.

GROENTEN:
c) Zet een pan op matig vuur en voeg een beetje olie toe.
d) Kook de courgette, paprika, ui en zout, terwijl je af en toe roert, gedurende 8 minuten.
e) Voeg de tomaten toe en kook nog 3 minuten, of tot de groenten gaar zijn.
f) Voeg de spinazie toe en kook ongeveer 3 minuten of tot deze geslonken is.

ROMIGE SAUS:
g) Smelt de boter in een pan op matig vuur.
h) Voeg de bloem toe en klop voorzichtig tot een gladde pasta ontstaat.
i) Voeg de melk toe en klop opnieuw.
j) Klop de resterende ingrediënten voor de saus erdoor en laat ongeveer 5 minuten sudderen.

VERZAMELEN:
k) Combineer gekookte garnalen, gekookte pasta, groenten, zwarte olijven en romige saus in een serveerschaal.
l) Garneer met een snufje gemalen zwarte peper.

82. Nootachtige tonijn- en pastasalade

INGREDIËNTEN:
- 1 krop broccoli, in roosjes verdeeld
- 8 grote zwarte olijven, in plakjes gesneden
- 1 pond pennepasta
- 1/2 kopje walnootstukjes, geroosterd
- 1 pond verse tonijnsteaks
- 4 teentjes knoflook, fijngehakt
- 1/4 kopje water
- 2 eetlepels gehakte verse peterselie
- 2 eetlepels vers citroensap
- 4 ansjovisfilets, afgespoeld
- 1/4 kopje witte wijn
- 3/4 kopje olijfolie
- 4 middelgrote tomaten, in vieren gesneden
- 1 pond mozzarellakaas, in blokjes gesneden

INSTRUCTIES:
a) Kook de pasta volgens de instructies op de verpakking.
b) Breng een gezouten pot water aan de kook. Kook hierin de broccoli gedurende 5 minuten. Haal het uit het water en leg het opzij.
c) Zet een grote pan op middelhoog vuur. Roer de tonijn erdoor met water, witte wijn en citroensap. doe de deksel erop en kook ze tot de zalm gaar is in ongeveer 8 tot 12 minuten.
d) Paneer de zalmfilets in stukjes.
e) Pak een grote mengkom: gooi de gekookte zalmvis erin met broccoli, penne, vis, tomaten, kaas, olijven, walnoten, knoflook en peterselie. Meng ze goed.
f) Zet een grote koekenpan op middelhoog vuur. Verhit de olie erin. Snij de ansjovis in kleine stukjes. Kook ze in de verwarmde koekenpan tot ze smelten in de olie.
g) Roer het mengsel door de pastasalade en meng alles goed. Serveer je pastasalade meteen.

83.Kip-tenders en Farfalle-salade

INGREDIËNTEN:
- 6 eieren
- 3 groene uien, in dunne plakjes gesneden
- 1 pakje farfalle (vlinderdas) pasta
- 1/2 rode ui, gehakt
- 1/2 fles (16 oz.) fles Italiaanse saladedressing
- 6 kip-offertes
- 1 komkommer, in plakjes gesneden
- 4 romaine slaharten, in dunne plakjes gesneden
- 1 bosje radijsjes, schoongemaakt en in plakjes gesneden
- 2 wortels, geschild en in plakjes gesneden

INSTRUCTIES:
a) Doe de eieren in een grote pan en bedek ze met water. Kook de eieren op middelhoog vuur tot ze beginnen te koken.
b) Zet het vuur uit en laat de eieren 16 minuten staan. Spoel de eieren af met wat koud water, zodat ze warmte verliezen.
c) Pel de eieren, snijd ze in plakjes en leg ze opzij.
d) Doe de kip-tenders in een grote pan. Bedek ze met 1/4 kopje water. Kook ze op middelhoog vuur tot de kip gaar is.
e) Laat de kip-tenders uitlekken en snijd ze in kleine stukjes.
f) Pak een grote mengkom: gooi de pasta, kip, eieren, komkommer, radijsjes, wortels, groene uien en rode ui erin. Voeg de Italiaanse dressing toe en meng opnieuw.
g) Zet de salade 1 uur en 15 minuten in de koelkast.
h) Plaats de slaharten in serveerschalen. Verdeel de salade ertussen. Serveer ze meteen.
i) Genieten.

84. Romige Penn-pastasalade

INGREDIËNTEN:
- 1 (16 oz.) doos mini-penne pasta
- 1/3 kopje gehakte rode ui
- 1 1/2 pond gehakte gekookte kip
- 1/2 (8 oz.) fles romige Caesar-saladedressing
- 1/2 kopje in blokjes gesneden groene paprika
- 2 hardgekookte eieren, gehakt
- 1/3 kopje geraspte Parmezaanse kaas

INSTRUCTIES:
a) Kook de pasta volgens de instructies op de verpakking.
b) Pak een grote mengkom: gooi de pasta, kip, groene paprika, eieren, Parmezaanse kaas en rode ui erin.
c) Voeg de dressing toe en roer ze goed door. Dek de kom af en zet hem 2u15 in de koelkast
d) minuten. Pas de smaak van de salade aan en serveer deze.
e) Genieten.

85. Feta en geroosterde kalkoensalade

INGREDIËNTEN:
- 1 1/2 kopje olijfolie
- 3 kopjes gekookte pennepasta
- 1/2 kopje rode wijnazijn
- 1 pint druiventomaten, gehalveerd
- 1 eetlepels gehakte verse knoflook
- 8 Oz. verkruimelde fetakaas
- 2 theelepels gedroogde oreganoblaadjes
- 1 (5 oz.) pakket lenteslamix
- 3 kopjes ovengeroosterde kalkoenborst, dik gesneden en in blokjes
- 1/2 kop gehakte Italiaanse peterselie
- 1/2 kop dun gesneden rode uien
- 1 (16 oz.) pot ontpitte Kalamata-olijven, uitgelekt, gehakt

INSTRUCTIES:
a) Neem een kleine mengkom: doe hierin de olijfolie, azijn, knoflook en oregano. Meng ze goed om de vinaigrette te maken.
b) Neem een grote mengkom: gooi de rest van de ingrediënten erin. Voeg de dressing toe en meng opnieuw. Pas de smaak van de salade aan en serveer hem.
c) Genieten.

86. Nootachtige Kip Pastasalade

INGREDIËNTEN:
- 6 plakjes spek
- 1 (6 oz.) pot gemarineerde artisjokharten, uitgelekt 10 aspergesperen, uiteinden bijgesneden en grof gehakt
- 1/2 (16 oz.) pakket rotini, elleboog of penne 1 gekookte kipfilet, pasta in blokjes
- 1/4 kop gedroogde veenbessen
- 3 eetlepels magere mayonaise
- 1/4 kopje geroosterde gesneden amandelen
- 3 eetlepels balsamicovinaigrette saladedressing
- zout en peper naar smaak
- 2 theelepels citroensap
- 1 theelepel Worcestershiresaus

INSTRUCTIES:
a) Zet een grote pan op middelhoog vuur. Kook hierin het spek totdat het knapperig wordt. Verwijder het uit het overtollige vet. Verkruimel het en leg het opzij.
b) Kook de pasta volgens de instructies op de verpakking.
c) Pak een kleine mengkom: combineer daarin de mayo, balsamicovinaigrette, citroensap en Worcestershire-saus. Meng ze goed.
d) Neem een grote mengkom: schep de pasta met dressing erin. Voeg de artisjok, kip, veenbessen, amandelen, verkruimeld spek en asperges toe, een snufje zout en peper.
e) Roer ze goed. Zet de salade 1 uur en 10 minuten in de koelkast en serveer hem.
f) Genieten.

87. Caesar-pastasalade met kip

INGREDIËNTEN:
- 2 kopjes rotini-pasta, gekookt en gekoeld
- 1 pond gegrilde kipfilet, in plakjes gesneden
- 1 kop kerstomaatjes, gehalveerd
- 1/2 kopje zwarte olijven, in plakjes gesneden
- 1/4 kop geraspte Parmezaanse kaas
- 1/4 kopje croutons
- 1/2 kopje Caesardressing
- Verse peterselie ter garnering
- Zout en peper naar smaak

INSTRUCTIES:
a) Meng in een grote kom pasta, gegrilde kip, kerstomaatjes, zwarte olijven, Parmezaanse kaas en croutons.
b) Voeg de Caesardressing toe en roer tot alles goed gemengd is.
c) Garneer met verse peterselie.
d) Zet minimaal 1 uur in de koelkast voordat u het serveert.

88.Pastasalade met kalkoen en cranberry

INGREDIËNTEN:
- 2 kopjes fusilli-pasta, gekookt en gekoeld
- 1 pond gekookte kalkoenfilet, in blokjes gesneden
- 1/2 kopje gedroogde veenbessen
- 1/4 kopje rode ui, fijngehakt
- 1/2 kopje selderij, fijngehakt
- 1/4 kop pecannoten, gehakt
- 1/2 kop mayonaise
- 2 eetlepels Dijonmosterd
- Zout en peper naar smaak

INSTRUCTIES:
a) Meng in een grote kom pasta, in blokjes gesneden kalkoen, gedroogde veenbessen, rode ui, selderij en pecannoten.
b) Meng in een kleine kom mayonaise, Dijon-mosterd, zout en peper.
c) Giet de dressing over het pastamengsel en roer tot alles goed bedekt is.
d) Zet minimaal 1 uur in de koelkast voordat u het serveert.

89. Pastasalade met gegrilde kip en citroenkruiden

INGREDIËNTEN:
- 2 kopjes penne pasta, gekookt en gekoeld
- 1 pond gegrilde kipfilet, in plakjes gesneden
- 1 kop kerstomaatjes, gehalveerd
- 1/2 kopje komkommer, in blokjes gesneden
- 1/4 kopje rode ui, fijngehakt
- 1/4 kop fetakaas, verkruimeld
- 2 eetlepels verse peterselie, gehakt
- Sap van 2 citroenen
- 3 eetlepels extra vergine olijfolie
- Zout en peper naar smaak

INSTRUCTIES:
a) Meng in een grote kom pasta, gegrilde kip, kerstomaatjes, komkommer, rode ui, fetakaas en peterselie.
b) Meng in een kleine kom het citroensap, de olijfolie, het zout en de peper.
c) Giet de dressing over het pastamengsel en roer tot alles goed bedekt is.
d) Zet minimaal 1 uur in de koelkast voordat u het serveert.

90. Pastasalade met ranchkip en spek

INGREDIËNTEN:
- 2 kopjes vlinderdaspasta, gekookt en gekoeld
- 1 pond gegrilde kipfilet, in blokjes gesneden
- 1/2 kop kerstomaatjes, gehalveerd
- 1/4 kopje rode ui, fijngehakt
- 1/2 kop spek, gekookt en verkruimeld
- 1/4 kop geraspte cheddarkaas
- 1/2 kopje ranchdressing
- Bieslook ter garnering
- Zout en peper naar smaak

INSTRUCTIES:
a) Meng in een grote kom de pasta, de in blokjes gesneden gegrilde kip, de kerstomaatjes, de rode ui, het spek en de geraspte cheddarkaas.
b) Voeg de ranchdressing toe en roer tot alles goed gemengd is.
c) Garneer met bieslook.
d) Zet minimaal 1 uur in de koelkast voordat u het serveert.

91. Pastasalade met curry-kip en mango

INGREDIËNTEN:
- 2 kopjes grote spiraalvormige pasta of farfalle pasta, gekookt en gekoeld
- 1 pond gekookte kipfilet, versnipperd
- 1 mango, in blokjes gesneden
- 1/2 kop rode paprika, in blokjes gesneden
- 1/4 kopje rode ui, fijngehakt
- 1/4 kop rozijnen
- 1/4 kopje cashewnoten, gehakt
- 1/2 kop mayonaise
- 1 eetlepel kerriepoeder
- Zout en peper naar smaak

INSTRUCTIES:
a) Meng in een grote kom de pasta, geraspte kip, mango, rode paprika, rode ui, rozijnen en cashewnoten.
b) Meng mayonaise en kerriepoeder in een kleine kom.
c) Giet de dressing over het pastamengsel en roer tot alles goed bedekt is.
d) Breng op smaak met zout en peper.
e) Zet minimaal 1 uur in de koelkast voordat u het serveert.

92.Griekse kip- en orzosalade

INGREDIËNTEN:
- 2 kopjes orzo-pasta, gekookt en gekoeld
- 1 pond gegrilde kipfilet, in blokjes gesneden
- 1 kop kerstomaatjes, gehalveerd
- 1/2 kopje komkommer, in blokjes gesneden
- 1/4 kopje rode ui, fijngehakt
- 1/3 kop Kalamata-olijven, in plakjes gesneden
- 1/2 kopje verkruimelde fetakaas
- 1/4 kop verse peterselie, gehakt
- 3 eetlepels Griekse dressing
- Zout en peper naar smaak

INSTRUCTIES:
a) Meng in een grote kom orzo-pasta, gegrilde kip, kerstomaatjes, komkommer, rode ui, Kalamata-olijven, fetakaas en peterselie.
b) Voeg de Griekse dressing toe en roer tot alles goed gemengd is.
c) Breng op smaak met zout en peper.
d) Zet minimaal 1 uur in de koelkast voordat u het serveert.

93. Pastasalade met kip en zwarte bonen

INGREDIËNTEN:
- 2 kopjes rotini-pasta, gekookt en gekoeld
- 1 pond gegrilde kipfilet, in plakjes gesneden
- 1 blikje zwarte bonen (15 oz), afgespoeld en uitgelekt
- 1 kop maïskorrels, gekookt (vers of bevroren)
- 1/2 kop rode paprika, in blokjes gesneden
- 1/4 kopje rode ui, fijngehakt
- 1/4 kopje verse koriander, gehakt
- Sap van 2 limoenen
- 3 eetlepels olijfolie
- 1 theelepel komijn
- Zout en peper naar smaak

INSTRUCTIES:
a) Meng in een grote kom pasta, gegrilde kip, zwarte bonen, maïs, rode paprika, rode ui en koriander.
b) Meng in een kleine kom limoensap, olijfolie, komijn, zout en peper.
c) Giet de dressing over het pastamengsel en roer tot alles goed gemengd is.
d) Zet minimaal 1 uur in de koelkast voordat u het serveert.

94.Mango Curry Kip Pastasalade

INGREDIËNTEN:
- 2 kopjes penne pasta, gekookt en gekoeld
- 1 pond gekookte kipfilet, versnipperd
- 1 mango, in blokjes gesneden
- 1/2 kopje rode paprika, in blokjes gesneden
- 1/4 kopje rode ui, fijngehakt
- 1/4 kop gouden rozijnen
- 1/4 kopje cashewnoten, gehakt
- 1/2 kop mayonaise
- 1 eetlepel kerriepoeder
- Zout en peper naar smaak

INSTRUCTIES:
a) Meng in een grote kom de pasta, geraspte kip, mango, rode paprika, rode ui, rozijnen en cashewnoten.
b) Meng mayonaise en kerriepoeder in een kleine kom.
c) Giet de dressing over het pastamengsel en roer tot alles goed bedekt is.
d) Breng op smaak met zout en peper.
e) Zet minimaal 1 uur in de koelkast voordat u het serveert.

95.Pastasalade Met Kippesto Caprese

INGREDIËNTEN:
- 2 kopjes farfalle-pasta, gekookt en gekoeld
- 1 pond gegrilde kipfilet, in plakjes gesneden
- 1 kop kerstomaatjes, gehalveerd
- 1/2 kopje verse mozzarellaballetjes
- 1/4 kopje verse basilicum, gehakt
- 2 eetlepels pijnboompitten, geroosterd
- 1/3 kopje basilicumpesto
- 3 eetlepels balsamicoglazuur
- Zout en peper naar smaak

INSTRUCTIES:
a) Meng in een grote kom pasta, gegrilde kip, kerstomaatjes, mozzarellabolletjes, basilicum en pijnboompitten.
b) Voeg de basilicumpesto toe en roer tot alles goed bedekt is.
c) Besprenkel met balsamicoglazuur en breng op smaak met zout en peper.
d) Zet minimaal 1 uur in de koelkast voordat u het serveert.

96. Aziatische Sesam Kip Noedelsalade

INGREDIËNTEN:
- 2 kopjes sobanoedels, gekookt en gekoeld
- 1 pond gegrilde kipfilet, versnipperd
- 1 kopje geraspte kool
- 1/2 kop geraspte wortelen
- 1/4 kopje rode paprika, in dunne plakjes gesneden
- 1/4 kopje groene uien, gehakt
- 2 eetlepels sesamzaadjes, geroosterd
- 1/3 kopje sojasaus
- 2 eetlepels sesamolie
- 1 eetlepel rijstazijn
- 1 eetlepel honing

INSTRUCTIES:
a) Meng in een grote kom sobanoedels, geraspte kip, kool, wortels, rode paprika, groene uien en sesamzaadjes.
b) Meng in een kleine kom sojasaus, sesamolie, rijstazijn en honing.
c) Giet de dressing over het noedelmengsel en roer tot alles goed bedekt is.
d) Zet minimaal 1 uur in de koelkast voordat u het serveert.

97.Pastasalade met citroenkruidkalkoen en asperges

INGREDIËNTEN:
- 2 kopjes fusilli-pasta, gekookt en gekoeld
- 1 pond gekookte kalkoenfilet, in blokjes gesneden
- 1 kopje asperges, geblancheerd en gehakt
- 1/2 kop kerstomaatjes, gehalveerd
- 1/4 kopje rode ui, fijngehakt
- 1/4 kop fetakaas, verkruimeld
- Schil en sap van 2 citroenen
- 3 eetlepels extra vergine olijfolie
- 2 eetlepels verse peterselie, gehakt
- Zout en peper naar smaak

INSTRUCTIES:
a) Meng in een grote kom pasta, in blokjes gesneden kalkoen, asperges, kerstomaatjes, rode ui en fetakaas.
b) Meng in een kleine kom de citroenschil, het citroensap, de olijfolie, het zout en de peper.
c) Giet de dressing over het pastamengsel en roer tot alles goed bedekt is.
d) Garneer met verse peterselie.
e) Zet minimaal 1 uur in de koelkast voordat u het serveert.

98. Pastasalade met Kip en Broccoli Pesto

INGREDIËNTEN:
- 2 kopjes penne pasta, gekookt en gekoeld
- 1 pond gegrilde kipfilet, in plakjes gesneden
- 1 kopje broccoliroosjes, geblancheerd
- 1/4 kopje zongedroogde tomaten, gehakt
- 1/4 kop pijnboompitten, geroosterd
- 1/2 kop Parmezaanse kaas, geraspt
- 1/3 kopje basilicumpesto
- 3 eetlepels extra vergine olijfolie
- Zout en peper naar smaak

INSTRUCTIES:
a) Meng in een grote kom pasta, gegrilde kip, broccoli, zongedroogde tomaten, pijnboompitten en Parmezaanse kaas.
b) Voeg basilicumpesto en olijfolie toe en roer tot alles goed gemengd is.
c) Breng op smaak met zout en peper.
d) Zet minimaal 1 uur in de koelkast voordat u het serveert.

99.Pastasalade met Buffelkip

INGREDIËNTEN:
- 2 kopjes rotini-pasta, gekookt en gekoeld
- 1 pond gekookte kipfilet, versnipperd
- 1/2 kopje selderij, fijngehakt
- 1/4 kopje rode ui, fijngehakt
- 1/4 kopje blauwe kaas brokkelt af
- 1/3 kopje buffelsaus
- 1/4 kop ranchdressing
- Verse bieslook ter garnering
- Zout en peper naar smaak

INSTRUCTIES:
a) Meng in een grote kom pasta, geraspte kip, selderij, rode ui en blauwe kaaskruimels.
b) Meng in een kleine kom de buffelsaus en de ranchdressing.
c) Giet de dressing over het pastamengsel en roer tot alles goed bedekt is.
d) Garneer met verse bieslook.
e) Zet minimaal 1 uur in de koelkast voordat u het serveert.

100. Pastasalade met cranberry-walnootkip

INGREDIËNTEN:
- 2 kopjes farfalle-pasta, gekookt en gekoeld
- 1 pond gekookte kipfilet, in blokjes gesneden
- 1/2 kopje gedroogde veenbessen
- 1/4 kopje walnoten, gehakt en geroosterd
- 1/2 kopje selderij, fijngehakt
- 1/4 kopje rode ui, fijngehakt
- 1/2 kop mayonaise
- 2 eetlepels Dijonmosterd
- Zout en peper naar smaak

INSTRUCTIES:
a) Meng in een grote kom pasta, in blokjes gesneden kip, gedroogde veenbessen, walnoten, selderij en rode ui.
b) Meng in een kleine kom mayonaise, Dijon-mosterd, zout en peper.
c) Giet de dressing over het pastamengsel en roer tot alles goed bedekt is.
d) Zet minimaal 1 uur in de koelkast voordat u het serveert.

CONCLUSIE

Nu we aan het einde van HET AMBACHTELIJKE ANTIPASTO SALADES KOOKBOEK zijn gekomen, hopen we dat je het leuk vond om het gevarieerde aanbod aan antipastosalade-inspiraties uit de kusten van Italië, Griekenland en daarbuiten te verkennen. Van klassieke favorieten zoals Caprese salade en Griekse salade tot inventieve creaties met onverwachte smaakcombinaties en innovatieve ingrediënten: deze recepten bieden een prikkelend kijkje in de rijke culinaire tradities van de Middellandse Zee.

We moedigen u aan om te experimenteren met verschillende ingrediënten, texturen en smaken om uw eigen kenmerkende antipastosalades te creëren die uw persoonlijke smaak en stijl weerspiegelen. De schoonheid van de mediterrane keuken ligt immers in de eenvoud, veelzijdigheid en nadruk op verse, seizoensgebonden ingrediënten.

Bedankt dat je met ons meegaat op deze heerlijke reis. Moge uw keuken gevuld zijn met de geur van olijfolie, knoflook en kruiden, en moge elke hap antipastosalade u meenemen naar een zonovergoten terras met uitzicht op de Middellandse Zee. Eet smakelijk!

www.ingramcontent.com/pod-product-compliance
Lightning Source LLC
Chambersburg PA
CBHW050353120526
44590CB00015B/1676